中公新書 2679

小野善康著

資本主義の方程式

経済停滞と格差拡大の謎を解く

中央公論新社刊

はじめに

現在、日欧米を中心とする先進諸国は、長期的な経済停滞と格差拡大に直面している。これらは、非常に深刻かつ重要な問題であるにもかかわらず、従来の経済学の考え方では、必ずしもうまく説明できていない。たとえば経済停滞については、一時的な不況は説明できるが、日本の失われた30年のような長期停滞を説明する理論はない。そのため、長期的に経済が低迷していても、それは一時的であり、経済調整が終わったらもとの成長軌道にもどる、という前提のもとで分析が行われ、それを念頭にした経済政策が当たり前のように行われてきた。端的に言えば、「短期的には金融財政政策で経済を支え、長期的には構造改革で生産性を上げる」というものである。この考え方は日本だけでなく、欧米諸国でも浸透しており、2008年の世界的金融危機（リーマン・ショック）以降の政策もこれであった。

しかし、現実にはいくら待っても思うように経済は回復せず、そのうち、経済停滞が当たり前になって、わずかゼロコンマ数%という成長率でも、回復したと思うようになっている。このことは、2012年末に始まった安倍晋三《あべしんぞう》政権によるアベノミクス以降、特に顕著になり、政府は、戦後最長の経済回復だとか、雇用が改善してきているし株価も高騰《こうとう》しているから、じきに本格回復するのでもう少し待ってください、と言っている。実際、完全失業率はバブル期に迫る勢いで改善し、株価も大きく値を上げている。従来の経済学なら、これらは本当に経済回復のサインであった。ところが、国民の生活水準に直結する消費は相変わらず低迷を続け、経済成長率も低いままである。国内総生産(名目GDP)を見ても、1997年の534兆円に対して2015年は531兆円であり、18年間、経済はまったく成長していなかったことになる。

従来の経済学

経済活動と株価や雇用の動きとの乖離《かいり》は、従来の経済学では考えにくく、たとえあったとしても、一時的な調整過程としか理解されていない。しかし、現実にはこれが長期間続いて、最近の先進国経済の特徴ともなっている。これに対し、現在のほとんどの経済学は、さまざまな市場や制度の欠陥にその原因を求めている。市場が非効率で物価がすばやく調整しないからだ、労働市場が硬直的で賃金が高止まりしているからだ、失業保険や社会保障が整備されすぎて人々の勤労意欲を削《そ》いでいるからだ、などである。バブル崩壊以降、ほとんどの政権が標榜《ひょうぼう》する構造改革の背景には、このような考え方がある。

最近、特に注目されている格差拡大についても、満足な説明が得られていない。従来の経済学では、格差は個人の能力の違いや、自身の生活設計に対する長期的視野の有無で議論されてきた。能力の高い者は豊かになるし、先のことを考える者は貯蓄に励んで豊かになる、というわけである。このことが、「自己責任」という発想を生み、福祉の切り捨てや再分配政策への強い反対となって現れている。一方、切り捨てられる人々には不満がたまり、かつてはそれなりに豊かだった生活がこんなに貧しくなったのは、自分たちの能力が劣っているからではない、誰か悪者がいるからだ、という犯人捜しのような状況を生んで、社会的な分断さえ招いている。米国におけるトランプ政権の成立、英国のブレグジット（EU離脱）などは、その現れであろう。

それでは、従来の経済学がまったくの机上の空論かといえば、そうではない。実際、日本の高度成長期には、これらに説得力があった。当時は人々も企業も頑張れば頑張っただけ、個人も個々の企業も、また経済全体も豊かになっていった。ところが、1990年代に入って、それまで勤勉だった日本人が突然怠惰になったわけでもないのに、急に経済が停滞するようになった。大型の財政出動や金融緩和によってお金を配ってもあまり効果はなく、雇用の流動化やベンチャー企業の育成などの構造改革をいくら進めても、経済は低成長から抜け出せない。そのため、日本では従来の経済学が説得力を失い、それを見た欧米諸国の経済専門家の間には、日本特殊論が擡頭《たいとう》していた。

そんななか、2008年にリーマン・ショックが起こり、欧米諸国でも同様の事態を招いてしまった。その結果、慢性的な不況に関する研究も始まったが、従来の経済学の応用の域を出ず、なかなか現在のような長期経済停滞をうまく説明できていない。それにもかかわらずその考え方を踏襲し、歴史上最大規模の貨幣発行をしてもまだ金融緩和が足りない、歴史上最悪の財政状況でもまだ赤字財政を続けよ、という極論が大きな力を持っている。

お金をばらまくことばかり重視する政府の姿勢は、2020年から続く新型コロナウイルス感染症への対策でも変わっていない。20年2月に豪華客船で患者が発生すると、早くも4月には全国民に1人当たり10万円、総額12兆円にも上る巨額のばらまきを行っている。しかし、感染症への懸念から、人々が外出を控え消費が低迷している状況では、お金をばらまいても経済が活性化するはずがない。適切な政策対応を行うためには、需要が伸びない理由を正しく理解する必要がある。

資産選好

お金が増えても経済が低迷しつづけるという現象は、従来の経済学では考えてこなかった**資産選好**によって、説明することができる。資産選好とは、人々の持つお金や資産そのものへの執着心である。

人々に資産そのものへの執着心がなく、貯《た》めた資産はいずれ必ず物やサービスの購入に振り向けられるなら、資産が多いほど消費を増やす。そのため、株価が上昇して手持ち資産の価値が増えれば増えるほど、総消費は増えるはずである。また、金融緩和によって金利を低く抑えれば、金融資産の保有が不利になって、人々は所得を貯蓄よりも消費に振り向けようとするであろう。しかし、現実に近年の日本や先進諸国を見ると、低金利が続き家計資産も着実に増えているのに、消費は低迷したままである。

ところが、人々がお金を持っていること自体に幸せを感じるなら、いくら豊かになってもそれを持っていたいから、ある程度の消費欲求が満たされていれば、物やサービスの消費をさらに増やそうとはしない。また、金利が非常に低くたとえゼロであっても、資産を持っていたいと思うであろう。そうであれば、政府が赤字財政を続けてお金を配っても、日本銀行がいくら「異次元金融緩和」で株式を購入し、市中に貨幣を回して株価高騰を誘っても、人々は新たに手にした金融資産をさらに積み上げることに執着して、物やサービスへの支出を増やさない。そのため、総需要が伸びず生産活動が活性化しない。

このことは、同時に、豊かな社会で格差拡大が必然的に発生することも説明する。貧しいうちは衣食住など必需品の消費を確保することが重要だが、豊かになると人々の消費欲求はほぼ満たされ、さらに消費を増やすことへの欲望は下がってくる。一方、資産については、国内外の億万長者がさらに資産を増やそうと競っているように、資産への欲望は減退しない。そのため、富める者は、貯蓄の目的が金融資産の蓄積そのものとなって、ますます富んでいくのに、物やサービスへの需要を増やそうとはしない。貧しい者は、経済全体の総需要不足で十分な雇用機会が得られず、所得が低迷して大半を必需品の消費に回さざるを得ないから、お金が貯まらない。こうして資産格差がどんどん拡大していく。

これらはすべて、現在の日本が直面していることである。

お金や富への欲望に関する思索や分析は、経済学者の専売特許ではなく、長い間、社会学や哲学、文学でも展開されてきた。お金はそれだけ人間社会にとって重要な関心事であり、経済活動から人生のあり方にまで、幅広く多大な影響を与えてきたからである。しかし、現代の経済学は、論理展開の簡潔化と厳密化とともに、お金や富への直接的な欲望を捨象し、単に取引に便利なものという側面しか考えないようになった。

確かに、人間にとって本源的に必要なのは物やサービスであり、お金はそれを買うための手段にすぎない。物やサービスがなければ、いくらお金があっても人間は生きていけない。それにもかかわらず、お金や富の所有の有無は、その人の人生を変えるほどの大きな影響力を持つ。それだけでなく、お金への欲望は、豊かな経済を必然的に長期経済停滞と格差拡大へと導き、経済社会を不安定化していく。それを乗り越えるためには、従来の経済学にもとづく自己責任論や効率至上主義から脱皮し、政府サービスの充実や再分配という政策的介入が必要になる。このとき、公的サービスや再分配のための納税は、公共心や自己犠牲から生まれる慈善的な行動ではなく、経済全体の活性化と安定化を実現して、自分自身の豊かさにもつながる行動になるはずである。

本書の目的

本書ではこうした視点に立ち、人間が持つお金や富の保有願望＝資産選好に注目して、簡潔で新しい経済分析方法を提示し、成熟段階に入った先進国経済が直面する長期経済停滞や格差拡大などの諸問題を読み解いていく。そこでは、経済が豊かになっていくにつれて、貧しい段階では成立していたお金と物やサービスとの密接な関係が徐々に崩れ、お金が物やサービスとは離れて自律的に動きはじめ、さまざまな経済問題を引き起こすことが示される。さらに、それらに対処するために必要な経済政策や経済制度を提示する。

本書のもう1つの目的は、たった1つの基本方程式を使って、お金と物やサービスとの関係から、資本主義経済の変遷を導き出すことである。本書では、数式が何度も登場するが、そのほとんどが同じ基本方程式、あるいはその簡単な派生形にすぎない。この式には、資産選好に加えてマクロ経済の基本的な変数が含まれており、そこから、成長経済の特徴、成長経済から成熟経済への変遷、成熟経済に現れる総需要不足と長期不況、バブル、格差拡大などが、すべて論理的に導き出される。それにより、現代の経済学が、単なる観察や経験の積み重ねだけではなく、厳密な数学的展開によって成り立っていることを読者に示してみたい。

しかし、数学的、経済学的論理展開に慣れていない読者は、第1章を読み終えた後、一度、最終の第6章に飛んでいただいたほうがいいかもしれない。第1章では、基本的な考え方とそこから記述される資本主義経済の変遷を説明し、第6章では、それを前提にして、今後必要となる経済制度と政策を整理しているからである。その後で第2章にもどり、基本方程式の意味と、そこから論理的に展開される高度成長（第2章）、長期経済停滞（第3章）、格差拡大（第4章）の謎《なぞ》解《と》きを読み進めていただきたい。さらに、第5章では、国内経済の議論を国際経済に拡張し、それまでの議論がほぼそのまま国際化した経済においても成立することを明らかにする。その上で、もう一度、第6章のまとめと政策提言をご覧いただければ、それらが1本の式から導き出されていることが、明らかになるはずである。

なお、第2~5章の議論では、たとえ基本方程式に関する記述を読み飛ばしても、その後の議論が自然につながるように、必ず直感的、経済的な意味づけを行っている。

目次

グラフ作製　ケー・アイ・プランニング
三晃印刷

資本主義の方程式

経済停滞と格差拡大の謎を解く

第1章　資本主義経済の変遷

人はなぜカネを持つのか

経済は人、モノ、カネで動いている。本書で言うモノとは、人が働いて作り出す物とサービスのすべてを含んでいる。一方、カネとは貨幣が代表的だが、銀行預金や債券、株式などの証券類を含めた金融資産全般を指す。

はじめに、代表的なカネである貨幣の意味から考えてみよう。人は、モノがなければ生きていけない。それに対して、貨幣は食べることも着ることもできず、それだけでは何の役にも立たない。このことは、無人島ではモノは不可欠だが貨幣は何の役にも立たない、ということからもわかる。それでは、人はなぜ貨幣を持ちたいのか。

多種多様な選好（モノやカネへの欲望）と技能を持った多くの人々が共存する経済では、

自分では作ることができないモノを手に入れるのに、自分が作ることのできるモノと交換する必要がある。貨幣はその取引の仲介手段として生まれてきた。したがって、貨幣への需要とは、好きなときに好きなモノと交換できるという機能への需要であり、モノの取引に付随して発生する副次的なものである。貨幣の持つこの機能は流動性と呼ばれ、それに対する人々の欲望は**流動性選好**と呼ばれる。

貨幣が持つ流動性という機能は、副次的とはいえ非常に便利で、人々が経済生活を送る上でなくてはならない。貨幣はこれほど便利なのに製造コストもほとんどかからない。紙幣なら紙代と印刷代であり、電子取引の発達した現代であれば電子情報だけで済む。しかし、そうではあっても貨幣自体はただの紙や数字情報であるため、貨幣への欲望が取引の便利さという流動性への選好だけにとどまっている限り、欲望の範囲は日常のモノの取引に必要な量に限られているはずである。

貨幣の持つもう1つの特徴は、時間が経《た》っても減りも腐りもせず、保存するための費用もかからない、というものである。そのため、好きなときに好きなモノと交換できるという流動性と相まって、時間を越えた購買力の保蔵手段としても最適である。さらに、価値の保蔵手段という側面だけを考えれば、貨幣ではない債券（国債や社債）や株式など、他の金融資産でもよい。そのため、購買力の保蔵手段としてのカネの範囲は、貨幣を含む金融資産一般へと広がってくる。

カネが持つこれらの便利さは、経済が拡大しモノの取引が増えていくにつれて、ますます増幅していく。その結果、直接的には何の役にも立たないカネの魅力がどんどん膨れあがり、もともとモノに付随していたカネへの欲望がモノから独立して、人々は、何を買うかという具体的な目的を持たなくても、カネの保有そのものに魅力を感じるようになった。このような欲望を**資産選好**と呼ぼう。

モノとカネの乖離

本来、人々の生活はモノによって支えられ、カネはそれを適切に生産し、流通させ、人々の手元に届けるための手段にすぎない。このときカネへの欲望は、モノを手に入れるときの取引手段として便利だから、という流動性選好が基にある。したがってその対象は、取引に使うことのできる貨幣や、クレジットカード決済のための普通預金などに限られる。

これに対し資産選好とは、資産を持っていることへの欲望である。そのため、貨幣を含めた金融資産全般がこの欲望の対象になる。自分の持っているカネ、すなわち金融資産の総額が多ければ、それだけで無条件にうれしい。この欲望はカネを使ってモノを手に入れ、それらを使ったときの味や快適さなどへの直接的な欲望、すなわち消費選好とはまったく異なり、実際には使っていないのに持っているだけでうれしい、というものである。インターネットを見ると、社会の平均的な金融資産保有額はどのくらいか、どのくらいの金融資産やどのくらいの所得があれば富裕層か、などという情報が氾濫《はんらん》している。これを見て自分が保有している資産額と比較し、喜んだり焦《あせ》ったりする。これは地位選好と呼ばれ、それも資産選好の1つの形態である。

経済において本質的に重要なのはモノの動きである。カネへの選好が流動性選好（取引の便利さへの選好）だけにとどまっていれば、カネの量も働きもモノの取引を反映するから、カネはモノの価値を正確に反映する鏡となる。そのため、企業経営や個人の消費計画も、それらに影響を与える経済政策も、カネの動きを見ながら考えればよい。ところが資産選好があり、それが消費選好と比べて強くなりすぎると、カネはモノの動きとは独立して膨張する可能性が生まれる。

特に、資本主義経済が発展してモノが満ち足りてくると、消費選好よりも資産選好が顕著になり、モノよりカネという本末転倒が起こる。その結果、カネの動きがモノの動きと乖離して、カネを媒介として行われるモノの需給調整がうまく働かなくなる。たとえば、カネが増えてもモノへの需要に結びつかなくなれば、需要不足による失業が生まれ、不況になる。また、株式や債券などの資産の価値が実体経済の動きから乖離して暴走しはじめれば、バブルが起こる。このような経済の機能不全は、多額の資産を蓄積し、大量消費が可能になった豊かな社会になればなるほど、起こりやすくなる。

消費選好が支配する経済

資産選好があっても、生産能力が小さく富の蓄積も少ない発展途上の経済では、モノが十分に行き渡っていないために消費への選好が強く、人々は何が欲しいかをすぐに思い浮かべることができる。そのため、何にでも交換できるカネが手に入ると、すぐにモノへの需要に結びつくから、カネの動きはモノの動きの正確な指標となる。

そのとき、人々がカネについて考えるのは、自分の所得や保有する資産を念頭に、カネをモノの購入にどう割り振るかである。割り振りには、同時点でのいろいろなモノへの割り振りと、今使うか将来使うかの割り振り、すなわち消費と貯蓄の選択がある。経済学では、同時点内でのさまざまなモノへの割り振りはミクロ経済学で取り扱われ、今か将来かの割り振りはマクロ経済学で取り扱われる。

これまでのマクロ経済学で考えられていた貯蓄とは、将来の具体的な時点での消費の準備として行われるものであり、使い道が曖昧《あいまい》なままで漠然とカネを貯めることではない。将来の生活費を残しておこう、車や家が欲しいから貯金しよう、これからかかる子供の教育費のために節約しよう、海外旅行にも行きたいから貯めておこう、ということである。このときカネを貯める理由は、カネの保有そのものへの欲望、すなわち資産選好があるからではなく、そのカネで将来消費したいと思っているモノへの欲望があるからであり、カネはそれらを手に入れるための手段にすぎない。

このような経済では、モノが主役であるため、モノの経済学が支配している。市場経済の枠組みの下で、独占や買い占めなどのない公正で透明な市場競争が行われている限り、生産者はもっとも儲《もう》かるように生産設備を整え労働力を雇ってモノを生産し、消費者は自分の経済力の範囲内で好きなモノを購入すれば、現在から将来にわたって最適な生産と消費が実現し、人々の経済的な幸福度が最大化する。また、生産能力が伸びていけば、より多くのモノが作られ消費も増大を続ける成長経済が実現する。これが、伝統的な経済学における「神の見えざる手」の理論的帰結である。

このときカネはモノの動きに付随して動く。カネが多すぎてモノへの需要が膨らめば、物価が上がってカネの実質量（＝金額÷物価水準）は下がる。カネが少なすぎてモノへの需要が不足すれば、物価が下がってカネの実質量は上がる。このように、金額表示でのカネの存在量（名目量）が増減しても、物価や賃金の円滑な調整によって労働や資本などの生産資源や物・サービスの需給量に見合った実質量が、結果的に達成される。このとき経済はモノの動きに支配され、カネはモノに対して受け身である。

ところが、供給や需要に関する情報の不完全性や、各市場における賃金物価調整機能の不備によって、賃金や物価が適切な値に至るのに時間や費用がかかり、そのためカネの実質量の調整が円滑に行われないなら、賃金物価調整が完了するまで、カネはモノの取引を過不足なく担うことができない。金融政策とは、このような場合に貨幣量や利子率を直接操作することによって、消費量や投資量に影響を与え、賃金物価調整の不完全性を補うものである。

資産選好が支配する経済

人々の消費意欲に限りがなければ、生産能力の拡大は消費の増大に直結して、成長経済が続く。ところが、成長が続いて巨大な生産能力を備え、十分に豊かになった成熟経済では、生活必需品はほぼすべて手に入っているため、消費者が新たにカネを使おうとすれば知恵がいる。ここで言う知恵とは、限られたお金をどう割り振るかという配分の問題ではなく、そもそも何に使ったらいいかを判断する知恵である。人間は食べることのできる量にも着ることのできる量にも限界があるため、必需品が満たされると、それ以上お金を使うことは難しくなる。その場合、新たな使い道は、観光や芸術、スポーツなどの余暇《よか》や趣味の領域に広がっていく。必需品であった食物や衣類でさえも、空腹を満たすもの、寒さをしのぐものから、食そのものを楽しむもの、着飾るものへと重点が移る。それは同時に、消費をするのに調査、研究、訓練が必要になって、消費という行為が面倒になることを意味する。

海外旅行を例に考えてみよう。かつての海外旅行は団体旅行が中心で、どこに行くかは旅行業者任せであった。主な行き先はハワイ、次はロンドン、パリ、ニューヨークなどの代表的な観光スポットに限られていた。ところが現在は、都会か地方かを問わず、世界中どこに行っても日本からの個人旅行客に出会う。かつての定番旅行先であったパリでも、シャンゼリゼ通りやノートルダム寺院、エッフェル塔だけでなく、小さな美術館やマニアックな専門店などに行こうとする。かつては日本人がルーブル美術館を訪れると、ダ・ヴィンチの『モナ・リザ』や『岩窟《がんくつ》の聖母』、『ミロのビーナス』など、有名な作品の前に群がった。現在でも、これらの作品には多くの外国人観光客が群がり、自分と一緒に写真に収めるだけで満足している者も多いが、そのような群衆のなかにいる日本人の数は激減した。ありきたりの旅行では飽きてしまったからだ。

ところが、ありきたりではない旅行を計画するのは、かなり面倒である。現地の気候風土を調べ、歴史や文化を学び、美術館や劇場などの状況や公演内容も調べ、さらに交通網や安全性まで考えて行き先を決定し、ようやく旅行を満喫することができる。カネはこの調査や決断という面倒をとりあえず回避して、使い道の決定を先延ばしすることができる実に便利なものである。カネさえ持っていれば、使いたいときに自由に使うことができる。この自由という便利さを得るのにコストはかからず、さらにカネをたくさん持っているほどいくらでも広がる。他方、消費は必要以上に増やそうとすると苦痛になる。満腹なのにさらに食べなければならない、何本も映画を見てさらに新しい映画を見なければならない、毎回新たな旅行先の状況を調べなければならないとなると、だんだん苦痛になってくる。ところが、カネはいくら持っていても、うれしいだけで苦痛を感じない。

いくら持っていてもコストなしに巨大な自由を手にすることができれば、具体的に使うあてがなくてもカネを持っていたいと思う。実際、生活に必要な金額以上のカネがあっても、人々は簡単には他人に譲ったり、政府に渡して公共のために使ってもらったりしようとは思わない。このような欲望が資産選好である。人々がこのような欲望に支配されるようになると、モノが十分に売れなくなる。その結果、人手もいらなくなって失業が起こり賃金も下がる。賃金が下がれば製品価格を引き下げることができるから、各企業は販路を確保しようとして物価を下げる。デフレ不況は、このような状況が続くことによって起こる。

このように、生産能力が小さい段階では、市場経済の枠組みの下で欲望のままに生産・消費活動を行えば、「神の見えざる手」によって、生産能力をフルに有効活用する状態に導かれた資本主義経済が、巨大な生産能力を蓄え豊かになるにつれて、機能不全に陥るようになる。

資産選好と日本経済

消費選好を離れた資産選好の膨張は、1990年代以降の日本経済にも、さまざまな弊害をもたらしている。人々はカネが欲しいばかりでモノへの需要が高まらず、経済は長期的に低迷している。政府は、景気回復のために無駄《むだ》をできるだけ排除し、財政支出を削減すると言って、公共事業や公共サービスを減らし、公務員数も大幅に削減して、今や日本における単位人口当たりの公務員数は先進国でも最低水準にある（図1・1参照）。その結果、平時は何ごともなく進んでいっても、ひとたび大規模な自然災害や感染症の蔓延《まんえん》が起こると対策が遅れる。原子力災害への備えも再生可能エネルギーへの転換も後手に回っている。災害に弱く醜い電柱が乱立する東京や大阪などの都市景観を見ても、これが先進国の大都市かと呆《あき》れさせる。

2020年2月、豪華客船ダイヤモンド・プリンセス号での患者発生に端を発した新型コロナウイルス感染症のパンデミックでは、この状況が顕著に表れ、保健・医療スタッフおよび病棟の不足など、感染症対策のためのインフラの不備が明らかになった。ウイルス検査もワクチン開発も接種も遅れ、発生から1年以上が経過した2021年5月14日時点でも、人

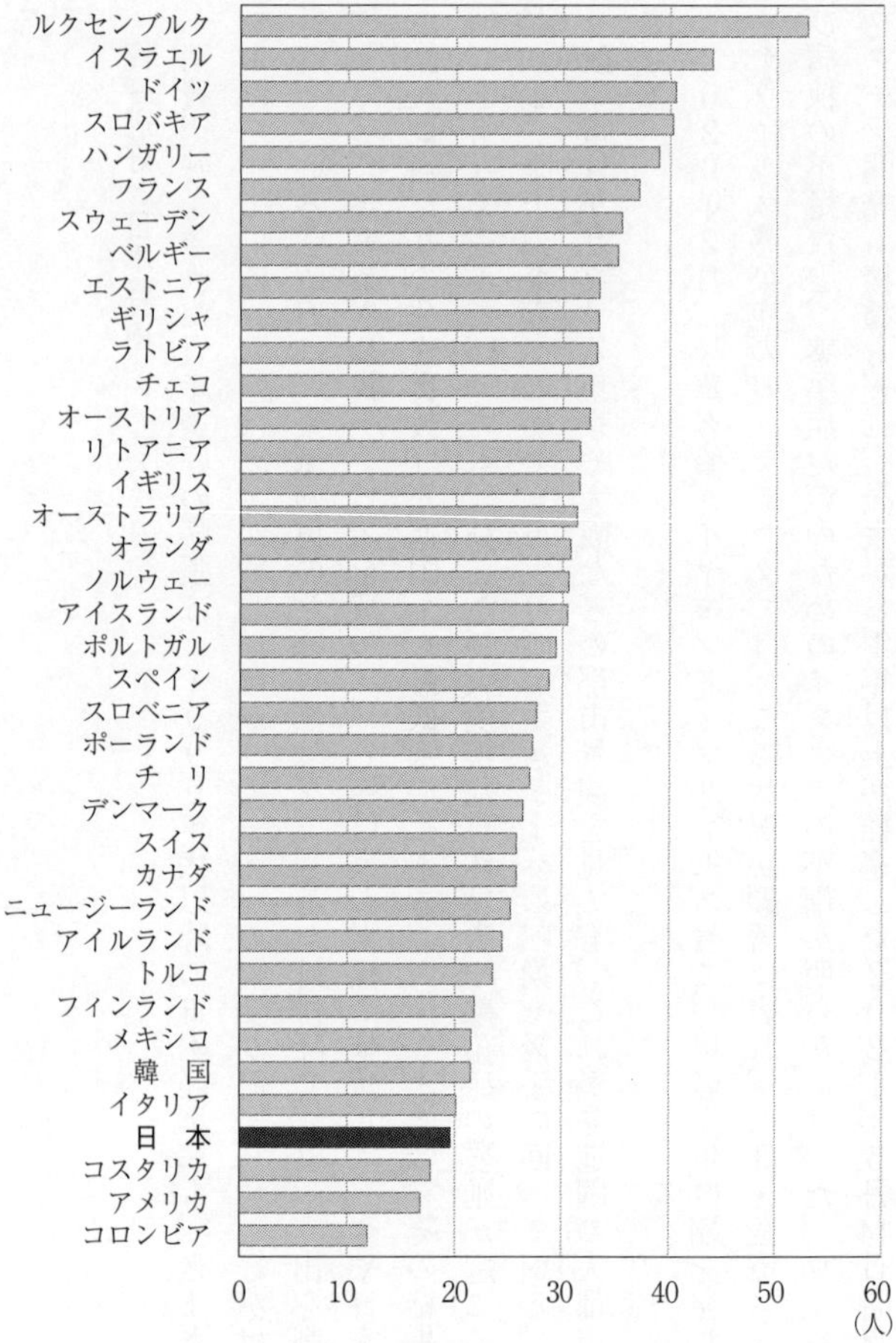

図1・1　OECD諸国の人口1000人当たりの公務員数（2020年）
注：ニュージーランド（2015年），カナダ（2016年），イスラエル（2017年），オーストラリア（2018年），日本・イギリス（2019年）.
出典：ILO（公務員数），OECD（人口）.

口100人当たりワクチン接種率は世界100位にも達していなかった（『日本経済新聞』）。

これらの公共サービスの遅れは、政府がカネを十分に使っていないからかといえば、実際にはカネを使いすぎており、だからこそ国債の発行残高は世界最大に積み上がり、2020年末には1人当たり1000万円近くになっている。このことは同時に、政府の借金によって民間の持つカネが1人当たり1000万円も多くなっていることを意味する。その結果、国民の保有する金融資産は年々拡大を続けている。

それなのに、政府が公共サービスの充実を図るために、必要な増税をしようとすれば、国民の多くは無駄だ非効率だと騒いで反対する。カネはもっと欲しいし減税も給付も大歓迎だが、公共サービス充実のための税金負担は嫌だ、ということだ。背景には、モノよりカネが欲しいという資産選好がある。日本政府は、公共サービスを減らすとともに巨額の財政赤字を積み上げて、国民がもっとも欲しがるカネを大量に提供しているという意味で、民意を忠実に反映した非常に民主的な政府であるとも言えよう。

貯蓄は美徳か

消費意欲が強い成長経済においても、人々は生産活動によって得られる所得の一部を貯蓄にも回すため、消費だけではモノの生産分に相当する需要が確保されない。しかし、以下に述べるように、貯蓄による消費の減少分は企業の設備投資によって補われ、総需要は不足しない。

成長経済では、人々が貯蓄を行うのは、今の消費を減らしてでも将来買いたいモノがあるからである。そうであれば、将来時点では、人々が貯蓄した分を必ず消費すると見込めるから、企業は将来の生産設備拡充のために、安心して現在の投資を増やす。こうして、貯蓄による消費の減少は、同時点での企業の投資増加によって補われ、総需要が不足することはない。

このときの貯蓄は、今の消費と将来の消費の重要度を比較して決められ、将来の消費に比べた現在の消費への相対的な選好は**時間選好**と呼ばれる（図1・2の消費選好の枠）。人々の時間選好が低く貯蓄に励めば励むほど、需要面では将来の消費増大が可能になり、供給面では投資に回すことのできるモノが増えて生産設備が拡大し、将来の消費増大に応《こた》えるから、経済成長が実現する。そのため、成長経済では「貯蓄は美徳」とされてきた。

しかし、このシナリオは成熟経済では成り立たない。成熟経済では大きな生産能力を備えて大量消費を実現しているため、人々の消費意欲が低下して資産選好が相対的に強まり、貯蓄の目的が将来の消費ではなく、具体的な使い道のない単なるカネの保蔵になっている。貯蓄が将来の需要増加に結びつかなければ、企業にとっては設備投資をする意味がない。その

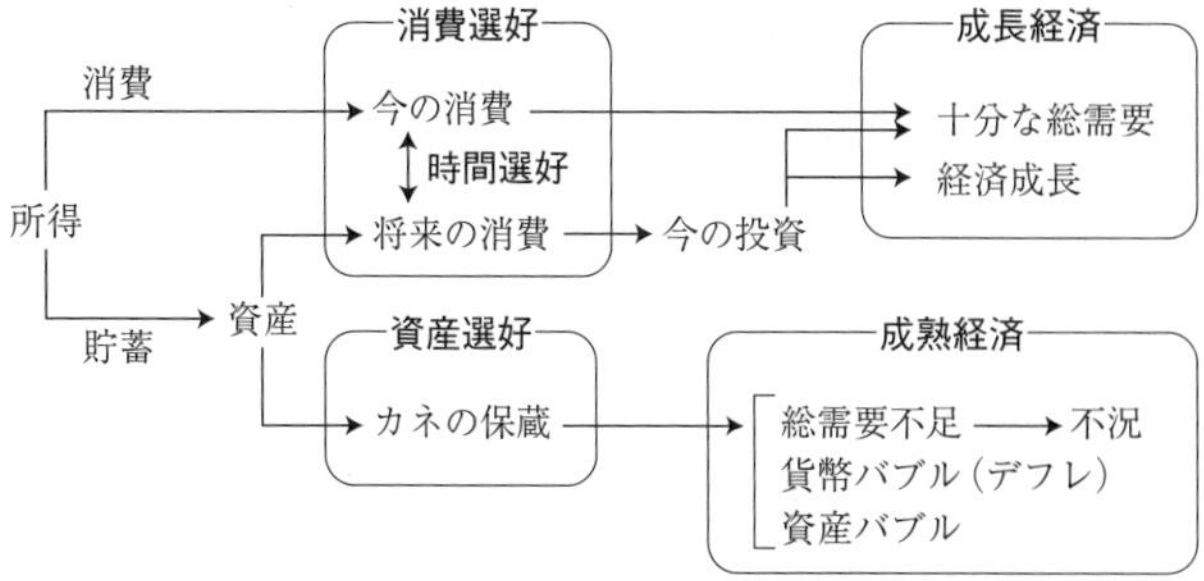

図1・2　資産選好と消費選好

ため、貯蓄意欲が高まっても設備投資は増えず、カネの倹約がそのまま消費の減少だけをもたらし、総需要不足になって働きたくても働けない非自発的な失業が生まれ、労働力が無駄になって経済は不況に陥る（図1・2の資産選好と成熟経済の枠）。さらに、消費意欲が減退しているから、物価下落が起こってカネの実質量が増えても、また、金融緩和によって直接貨幣の供給量を増やしても、消費は刺激されず、総需要不足が続いて不況は長期化する。

　マクロ経済ではそうであっても、ミクロの個人にとっては、消費を控えて貯蓄を増やせば、資産が増えて豊かになるように思える。しかし、これが成り立つのは、他の人々は貯蓄を増やさずにこれまでの消費を維持し、自分1人だけが消費を控えて貯蓄を増やす場合に限られる。その理由は、1人だけが消費を減らしても経済全体の総需要に影響せず、景気に変化がないからである。ところが、他の人々もすべてこれと同じ思いで消費を減らせば、経済全体で総需要が減り、その結果、経済全体の生産量も減り所得も減ってしまうため、誰も貯蓄する余裕がなくなる。すなわち、貯蓄しようという気持ちが結果的に所得を減らし、実際の貯蓄が思うようにできなくなってしまうのである。

資産選好がもたらす資産バブル

資産選好によって、カネの総価値が経済全体で生産されるモノの総価値から乖離してしまうなら、実体経済は停滞していてもカネの価値だけが膨張することができる。これが株式や土地で起こるのが株価・地価バブルである（図1・2の成熟経済の枠）。バブルを起こす背景にある資産選好は、人々のカネが増えても消費が増えない原因にもなっているため、バブルによって金融資産の価値が膨張しても、モノの消費拡大にはつながらない。そのため資産価格ばかりが一方的に上がり、人々は金持ちになっていくのに総需要は低迷したままになる。

さらに、総需要不足は物価水準の下落（デフレ）を生み、貨幣の価値も拡大しつづけるが、それでも総需要は増えない。すなわち、デフレは貨幣のバブルである。

このように、資産選好は金融資産全般にバブルを引き起こし、金融資産の価値を膨張させていくのに、モノの需要や生産を刺激することはなく、経済をデフレ不況に陥らせる。

実際、1990年代以降の日本経済では、消費や国内総生産（GDP）などの実体経済指標は低迷しているのに、株価や地価などの資産価格は上昇して総資産の価値が伸びつづけている。生産能力が低い成長経済の段階では、金融は実体経済を写す鏡であったのに、生産能力を伸ばして成熟経済になると、資産選好が顕在化して実体経済と金融経済を分離させてしまう。その結果、個々の資産の価値は、人々の資産選好にどのくらい応えているか、どのくらい信用を勝ち得ているかに依存して決まってくる。もし信用を失えば、その資産の価格は一気に暴落する。それでも人々の資産を保有したいという資産選好がなくなったわけではないので、信用を取りもどせば再び資産価格は上昇しはじめる。こうして、金融資産の価値が急激な低下と連続的な上昇を繰り返す。さらに、カネへの欲望は次々と別の資産に移って、新たなバブルを生み出す。最近爆発的に膨張しているビットコインなどの暗号通貨も、その一例である。

資産選好と格差拡大

資産選好によって、資本主義経済が持つ格差拡大傾向も説明することができる。貧しい人は日々の生活に必要なモノが十分に足りてはいないため、資産選好よりも消費選好が強い。そのため、カネが手に入ればその多くを消費に回すことになり、資産はなかなか増えない。これに対し、豊かな人はすでに消費を十分に行っているため、消費をさらに増やす意欲は弱くなっているが、資産保有への意欲はいつまでも残る。そのため、カネが増えても消費に回さず、どんどん貯めるようになる。貧しい人がなかなかカネを貯められず、豊かな人がどんどん貯め込めば、資産格差は拡大しつづける。

ここで重要なのは、格差拡大をもたらす要因が各人の個性や能力の差ではない、ということである。同じ個人であっても、貧しいうちはカネを貯めず、豊かになればもっと貯める傾向を持つ。そのため、初期の資産保有量にわずかでも違いがあれば、その差は永続的に拡大しつづけることになる。

近年、自己責任という言葉が幅をきかせている。貧しい人と豊かな人の違いが生まれるのは、働く努力に差があるからだとか、将来のことを考えずに無駄遣いをするからだとかいう考え方である。しかし、同じ人間であっても、親に財力があった、たまたまよい仕事が見つかった、などの単なる幸運によって、初期に多くの資産を手にすれば、その差はどんどん広がっていく。つまり、資産格差は自己責任ではなく運だということになる。そうであれば、伝統的な「個々の生活は基本的に自己責任であり、再分配は余程の困窮者のためにある」という考え方が怪しくなり、公的な再分配制度がより積極的な意味を持つようになる。

本書では、貧しい経済（成長経済）から豊かな経済（成熟経済）への変遷や、豊かな経済が直面する長期不況、資産バブル、格差拡大などのさまざまな機能不全が、人々のモノとカネの選択を表すたった1本の式から、すべて統一的に導き出されることを明らかにする。

その式は、我々自身が日々行っている消費・貯蓄選択行動を表しており、そのなかにマクロ経済のほぼすべての要素が含まれる。ここで言うマクロ経済の要素とは、人々の消費への欲望（消費選好）と資産保有への欲望（資産選好）、労働者や企業の生産性、金融資産の構成と利子率、労働やモノの需給状況とそれに応じて発生する賃金や物価の変動、政府の財政支出の規模と中身、中央銀行の貨幣発行量などである。このうち、特に重要な要素は資産選好であり、それこそが資本主義経済を機能不全に陥らせる。

以下の議論では、この式は繰り返し出てくるが、それ以外はほとんど出てこない。この基本方程式の性質をさまざまな角度から検討することによって、資本主義経済が持つ3つの特徴と、それらを生み出すメカニズムを明らかにしていく。3つの特徴とは、以下に示すものである。

①生産能力の巨大化に伴って人々の欲望がモノからカネに移り、生産能力がそのまま実際の経済活動となる成長経済から、長期的に総需要が不足して生産能力が十分に発揮され

ず、失業と経済停滞に悩まされる成熟経済に移っていく。
②成熟経済では慢性的な総需要不足が起こり、長期経済停滞、デフレ、ゼロ金利、資産バブルなどが発生する。そこでは、従来型の財政金融政策が効かなくなる。
③たとえ人々が同じ個性と能力を持っていても、初期の資産保有量に違いがあれば、そこから永続的な格差拡大が生まれ、社会が分断される。

第2章　「モノの経済」から「カネの経済」へ

1　基本方程式

資産プレミアム

資本主義経済の変遷を説明する基本方程式は、人々の消費・貯蓄選択を表現している。この式は本書の分析の根幹をなすものであるため、人々の消費・貯蓄選択行動について少し丁寧に考えてみよう。

人々は、月々手にする所得のうちから、いくらを消費に回し、いくらを貯蓄に回して資産を増やすかを決めている（図2・1）。このとき、貯蓄の有利さと消費の有利さ（＝貯蓄の機会費用）の2つを比べて有利なほうに資金を回すから、消費と貯蓄はいつも同じ有利さになる。

はじめに、貯蓄の有利さから考えてみよう。もし所得を貯蓄に回し、利子や収益を生む資

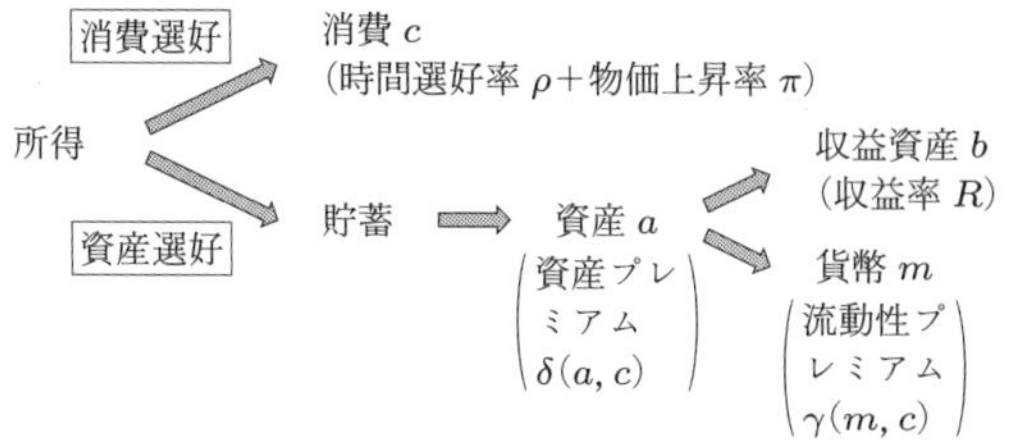

図2・1　消費と貯蓄の選択

産、たとえば債券や株式を購入して一定期間保有すれば、1円当たりR円の名目利子（貨幣単位で測った利子。利子率が1%なら0・01円）や収益が得られる。それだけではなく、資産が増えるからカネをたくさん持っているという満足感（資産選好）も得られる。この満足感の大きさを**資産プレミアム**と呼び、次のように測る。

資産プレミアム：資産を一定期間1円多く保有することで生まれる付加的な満足度と同等の満足度を、モノの消費を今増やすことによって得るには、どのくらいの額が必要か（経済学ではこれを資産と消費の限界代替率と呼ぶ）。

今、少額の資産しか持っていないのに多額の消費を行っているなら、資産を増やすことによる満足度（資産プレミアム）は大きくなるし、逆ならば小さくなる。このように、資産プレミアムは資産aと消費cに依存するため、$\delta(a, c)$と表記しよう。

資産プレミアムの意味を考える上で重要な点は、1円多く持つことの満足度を表す資産プレミアムとは、1円分多く消費することの満足度とはまったく違う、ということである。つまり、1円を消費のために「使う」ことによって得られる満足ではなく、1円を「使わずに保有しておく」ことから得られる満足である。1円を保有していれば、1円は失われないまま、資産プレミアム$\delta(a, c)$円分の消費に相当する満足が得られる。

貯蓄の便益

債券や株式などを1円多く保有しておけばR円の利子収益が得られ、それに加えて資産プレミアム、すなわち$\delta(a, c)$円分の消費に相当する満足（実際にその分を消費してはいないが、その額の消費をしたのと同じ大きさの満足）が得られる。したがって、この2つの値の合計が、債券や株式を1円分増やすときの総便益である。

同じ金融資産であっても、利子を生まない現金や当座預金、さらに利子が非常に低い（あるいはゼロの）普通預金などもある。利子を生まないのに人々がこれらを保有するのは、取引に便利だからである。実際、現金はそのまま取引に使えるし、預金があれば小切手やクレジットカードが使える。本書では、これらを総称して貨幣と呼び、利子を生み出す債券（国債や社債）や、配当とキャピタル・ゲインを生み出す株式などを収益資産bと呼ぼう。
貨幣が持つ取引の便利さは**流動性**と呼ばれ、その便利さから得られる満足度は**流動性プレミアム**で測られる。資産プレミアムと同様に、流動性プレミアムは次のように定義される。

流動性プレミアム：貨幣を1円多く持つことによる取引の便利さからの満足度と同じ水準の満足度を消費によって得るには、消費をいくら増やせばよいか。

流動性プレミアムも資産プレミアムと同様の理由で、貨幣保有残高mと消費量cに依存するため、$\gamma(m,c)$と表記しよう。
貨幣を保有していれば、取引を便利にするだけでなく資産選好も満たすから、貨幣保有を1円増やすことの総便益は、流動性プレミアム$\gamma(m,c)$と資産プレミアム$\delta(a,c)$との合計になる。これに対して、収益資産を1円増やすことの総便益は、前述したように、資産プレミアムと利子の合計$\delta(a,c)+R$である。

貨幣1円増の総便益：　$\delta(a,c)+\gamma(m,c)$
収益資産1円増の総便益：$\delta(a,c)+R$

利子率と流動性

人々は、貯めた資産を貨幣か収益資産かに割り当てる。このとき、資産の構成は前項に示したそれぞれの総便益を比較して決められる。すなわち、貨幣に回すときの総便益は資産プレミアムと流動性プレミアムの合計、収益資産に回すときの総便益は資産プレミアムと利子の合計である。

どちらの資産を選んでも資産プレミアム $\delta(a,c)$ は共通であるから、両者の便益は、流動性プレミアム $\gamma(m,c)$ と名目利子率 R の大小で比較される。貨幣の流動性プレミアムが収益資産の利子率を上回っていれば、貨幣のほうが有利になって、人々は収益資産を売却し貨幣を持とうとする。そのため、収益資産の価格が下がって利子率が上昇する。逆に、利子率が流動性プレミアムを上回っていれば、人々は貨幣を収益資産に交換しようとするから、収益資産の価格が上がって利子率は下がる。こうして、利子率 R と流動性プレミアム $\gamma(m,c)$ が常に一致するように、貨幣と収益資産への資産の配分が決まり、次式が成立する。

$$R=\gamma(m,c)$$

なお、一言で収益資産の利子・収益率といっても、資産の種類によって違いがあり、たとえば国債と株式の収益率を比較すれば、多くの場合、株式のほうが高い。その理由は、株価は大きく変動するために危険（リスク）があり、人々が株式を保有するには、それを補うだけの高い収益率が必要になるからである。収益率のこのような違いはリスクプレミアムと呼ばれるが、以下の議論では、リスクプレミアムが本質的な役割を果たすことはないため、それを考えないこととする。

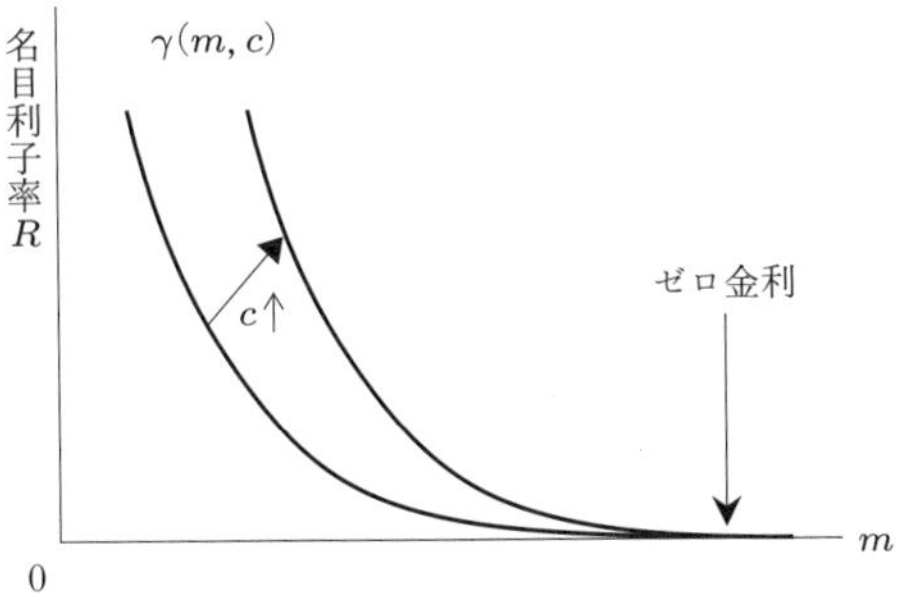

図2・2　流動性プレミアム

次に、流動性プレミアムの性質を考えてみよう。取引の便利さという点では、日々の消費支出額に比べてはるかに多額の貨幣を持っていても意味がない。そのため、貨幣量mが増えるにしたがって流動性プレミアムγは低下し、ある程度以上になればゼロになってしまう（図2・2）。そのとき、収益資産の利子率がプラスであれば、取引に必要な分を越える貨幣をそれに換えようとするから、収益資産の利子率もゼロになってしまう。したがって、貨幣が大量にある経済では、利子率はゼロになる。これが、現在の日本におけるゼロ金利の理由である。

さらに、消費量が増えていけば、取引のためにより多くの貨幣が必要になるため、貨幣の持つ流動性の便益は上がっていく。そのため、図2・2に示されているように、消費cの増加は流動性プレミアムを示す曲線を右上方向に移動させる。

ここで、流動性プレミアムγは資産プレミアムδとは別物であることを再確認しておこう。流動性プレミアムが取引に便利という意味での便益であるのに対し、資産プレミアムδは金融資産を保有していたいという意欲の大きさを表す。そのため、直接には取引に使えない債券や株式も、現金や預金と同様に資産プレミアムを持っている。ゼロ金利とは、貨幣の保有量が取引に必要な量を越え、さらに貯めるとすれば、その目的は純粋に資産を保有することだけになり、人々にとって、本来は利子を生んでいた収益資産と利子のつかない貨幣が、同じカネとなったことを意味する。

貯蓄のコスト

これまで貯蓄の便益を考えてきたが、次に貯蓄のコスト、すなわち、貯蓄することによって失うものは何かを考えてみよう。貯蓄をすれば、その時点でその分の消費を我慢しなければならない。したがって、貯蓄のコストとは、将来まで待たずに今消費することの便益とも言える。

貯蓄して金融資産の保有高を増やせば、保有している間、その分の消費ができない。この消費延期の我慢分の不満足を補うためには、将来少し多めの消費によって補償する必要がある。この将来消費の量的増分を**時間選好率**ρと呼ぼう。

時間選好率：今の消費を我慢することによる不満分をちょうど補うだけの将来の消費増分。

これは、「目の前のごちそうを今すぐ食べたいが、もし一定期間我慢させられるなら、食べる時点でρの割合だけ多めにくれなければ嫌だ」という選好（時間選好）、すなわち、我慢して待つこととの心理的費用を表している。

貯蓄に伴って発生する負担はこれだけではない。消費をしばらく我慢してR円の利子を手に入れても、その間に物価が上がっていれば、実際に買うことのできるモノの量は、物価上昇率πの分だけ減ってしまう。したがって、貯蓄に伴う総コストとは、前述の時間選好率と物価上昇率の合計$\rho+\pi$である。なお、この間、デフレで物価が下がれば（πがマイナス）、その分だけ多めにモノが手に入るから、貯蓄の総コスト$\rho+\pi$は時間選好率ρより低くなる。このことは、デフレが貯蓄を有利にし、人々の消費意欲を抑えてしまうことを意味している。

資産プレミアム　時間選好率

基本方程式：$\gamma(m, c)+\delta(a, c)=\rho+\pi$

流動性プレミアム
（名目利子率 $R=\gamma(m, c)$）

物価変化率
$\pi=\alpha\left(\dfrac{y-y^f}{y^f}\right)$

生産能力

図2・3　基本方程式

人々は、貯蓄の総便益が総コストを上回れば貯蓄を増やし、下回れば消費を増やす。その結果、貯蓄の総便益と総コストが一致するように、消費と貯蓄を決める。この等式が図2・3に与えられる基本方程式である。この式では、左辺が貯蓄の便益を、右辺が貯蓄のコスト（＝消費の便益）を表している。

本書の以下の議論では、基本的にこの式だけを使って、資本主義経済の特徴や変遷を描き出していく。

政府需要と基本方程式

各消費者は、物価変化率πや収益資産の名目利子率Rを見ながら、貯蓄の便益と消費の便益を比較して、所得を消費と貯蓄に配分するとともに、流動性プレミアムと利子率を比較して、資産を貨幣と収益資産に振り分ける（図2・3の基本方程式）。このうち物価は、モノの総需要と生産能力との差に応じて変動する。モノの総需要yが生産能力y^fを上回っていれば、モノ不足で物価は上がっていくし、下回っていれば、売れ残って物価は下がっていく。このように、物価は超過需要率$(y-y^f)/y^f$に応じて動いていくため、物価変化率πは次のように表される。

$$\pi = \alpha\left(\frac{y - y^f}{y^f}\right)$$

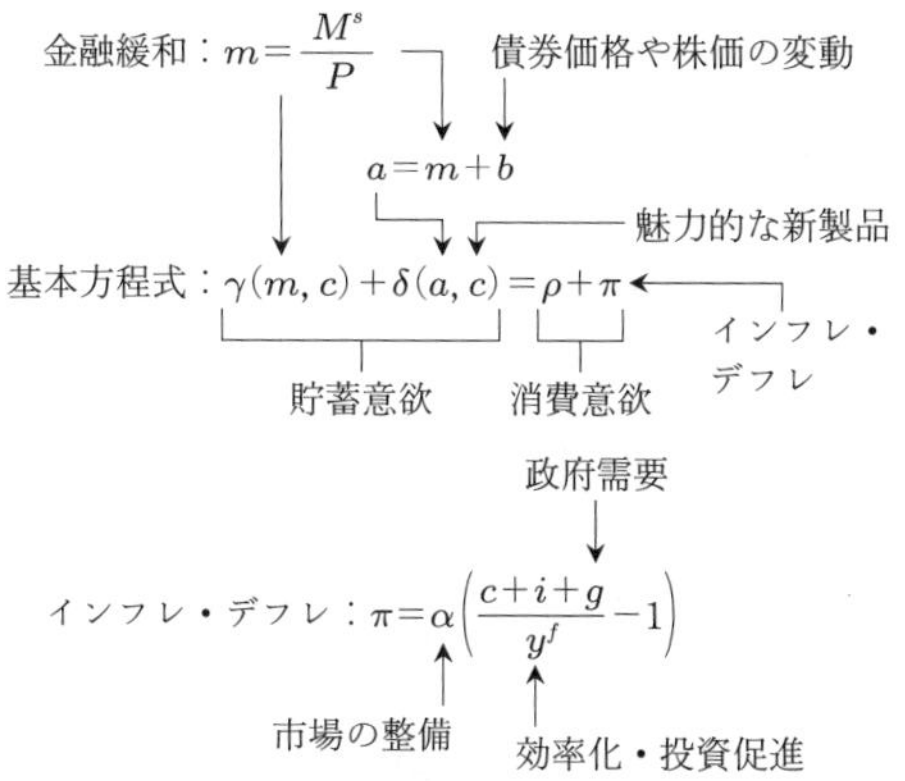

図2・4　マクロ経済変数と基本方程式

ここで、αは物価調整の効率性を表しており、その値は市場が整備されているほど大きい。また、モノへの総需要yは人々の消費c、企業の投資i、政府需要gの合計である。一方、収益資産の名目利子率Rは、金融当局による貨幣発行量に応じて、流動性プレミアムと一致するように決まる。

図2・4は図2・3に示した基本方程式を再掲し、さまざまなマクロ経済変数が、それぞれ基本方程式のどこに影響を与えるかを示している。政府がモノを購入すれば（政府需要g）、総需要yが増えて物価変化率πが上がり、基本方程式の右辺

に与えられる消費意欲を刺激する。しかし、政府が一律給付金など、実需を伴わない支出をしても、モノの需給に直接影響を与えないため、消費・貯蓄の決定は影響を受けない。実際、これらは基本方程式に現れてこない。

企業が効率化したり、投資を増やして生産設備を拡充したりすれば、生産能力y^fが拡大して物価変化率が下がり、右辺が減少して消費意欲が下がる。一方、労働市場の自由化やハローワークの充実、物・サービス市場の整備は、価格調整速度αの上昇によって表される。これらによって、物価や賃金が需給状況に応じてすばやく変化するようになるから、インフレの場合にはインフレ率が、デフレの場合にはデフレ率が上がって、基本方程式の右辺に示される消費意欲に影響を与える。

なお、生産能力とは、日本全体で働きたいと思っている人々の労働力（＝労働供給）をすべて使って生産することのできるモノの総量である。これに対して、実現できる生産量は人々が買うモノの総量（＝総需要）までであり、企業はそれに応じて必要な労働力を雇うため、総需要が労働需要を決める。そのため、生産能力と総需要のギャップは、労働供給と労働需要のギャップと表裏一体にあり、物価と賃金は生産能力と総需要との大小に応じて、並行して上下する。

金融緩和と基本方程式

次に、実質貨幣mと実質資産aを増やすマクロ変数として、日本銀行の金融緩和がある。日銀が貨幣供給を増やして市中に流せば、家計の保有する実質貨幣mも実質金融資産aも増える。同様の効果は、需要不足によって物価が下がる場合にも生まれる。物価が低下すれば、金額表示の名目貨幣量が同じでも貨幣の実質量は増える。また、債券価格や株価が上がった場合にも、実質金融資産aが増える。

実質貨幣mが増えれば、取引への必要性（流動性選好）が下がってくるとともに、資産の総量aも増えるから、資産をさらに増やしたいという欲望（資産選好）も減ってくる。そのため、流動性プレミアム$\gamma(m, c)$と資産プレミアム$\delta(a, c)$はいずれも低下する。収益資産が増えると、取引の便利さとは無関係だが、資産をさらに増やしたいという欲望は下がるから、資産プレミアム$\delta(a, c)$だけが下がる。いずれの場合にも、この２つの合計$\gamma+\delta$で測られる貯蓄意欲（図２・４の基本方程式の左辺）は低下し、右辺の消費意欲を下回るため、人々は貯蓄を減らして消費を増やす。

また、魅力的な新製品が生まれれば、実質金融資産には直接影響を与えないが、人々にカネを貯めずにすぐ買いたいと思わせるから、資産プレミアム$\delta(a, c)$が減少して左辺の貯蓄意欲が下がり、右辺に示される消費意欲を下回って、消費が刺激される。

このように、企業の生産能力や政府・日銀の財政金融政策、市場の価格調整速度、消費意欲を引き出す新製品開発などのマクロ経済変数が、基本方程式の左辺（貯蓄の便益）と右辺（消費の便益）にさまざまな影響を与える。その結果、左右両辺のどちらのほうが大きくなるかを調べれば、人々が消費を増やすか減らすかがわかる。さらに、こうした個々人の消費の動きが積み重なって、経済全体の総需要に影響を与え、それが物価の水準や変化率に影響を与えて、再び個々人の消費・貯蓄選択に返ってくる。

このように、経済全体の動きを知るには、部分的な因果関係（部分均衡）を見るだけでは不十分であり、これらの経済変数の相互作用のすべて（一般均衡）を見ていく必要がある。基本方程式は、たった1本の式でありながら、これらをすべて内包している。

2　成長経済の経済学

賃金物価調整と景気の維持

基本方程式を使って、生産能力が低く貧しいために人々の消費水準も低く、そのため消費増大意欲が強い経済における景気の動きを考えてみよう。以下に示すように、このような経済では、モノの需給状態に応じて引き起こされる賃金や物価の変動によって、金融資産の実質量（資産額÷物価）がすぐに調整され、それと並行して消費が増減するために、総需要が常に生産能力に見合う値に調整される。その結果、生産能力が経済活動レベルを決めることになる。

今、金融資産が少なく、そのため人々が貯蓄を優先して消費を抑え、モノの総需要が生産能力に届かない状況になったとしよう。そのときには人手も余るため、賃金も物価も下落していく。これが続くと、金額表示では同じ値の金融資産を持っていても、購入可能なモノの量（＝実質金融資産）は増えていく。そうなれば、取引の便利さのためにさらに多くの貨幣を持とうとは思わなくなるし（流動性プレミアムγの低下）、資産をさらに増やして金持ちになろうという欲望も下がってくる（資産プレミアムδの低下）。その結果、図2・3に示されている基本方程式の左辺（貯蓄意欲）が下がって右辺（消費意欲）を下回り、人々は貯蓄を抑えて消費を増やすようになるから、総需要が伸びて生産能力に見合う量に達する。

また、人々が保有している金融資産が非常に大きければ、これと反対の調整が起こる。すなわち、消費意欲が過剰になって生産能力を上回り、人手不足やモノ不足が起こって賃金や物価が上昇し、金融資産の実質価値は下がっていく。これが続けば、人々はだんだん貧しくなって資産プレミアムは上昇するし、取引に必要な貨幣額も増えていくため流動性プレミアムも上昇する。そのため、基本方程式の左辺（貯蓄意欲）が右辺（消費意欲）を上回り、人々はカネを貯めようとして消費を減らす。こうした調整が続いて、モノへの需要が生産能力に見合う水準にまで下がれば、モノ不足や人手不足は解消される。

このように、実質金融資産量の増減が貯蓄と消費の選択に影響を与えていれば、賃金物価調整によって消費が変化し、総需要が生産能力に見合うように調整されて、景気の過熱も総需要不足や失業も、すぐに解消される。

需要項目には、消費以外にも、政策的に決められる政府需要と企業が決める投資需要がある。企業の投資需要は人々の将来の消費需要を見込んで決められる。成長経済において人々の貯蓄意欲が大きく消費が少ないとすれば、それは、人々の時間選好（第1章の図1・2）が小さいために、今の消費よりも将来の消費を重視し、将来の消費を増やそうとして貯めるからである。このことは、企業にとっては将来の需要を確実に見込めることを意味するから、安心して設備投資を行い、将来の需要の増加に対処することができる。したがって、人々の貯蓄意欲が大きいほど今の消費は小さくなるが、代わりに投資需要が大きくなって総需要不足は起こらない。また、将来の消費と企業設備が拡大するため、高い経済成長を実現することになる。

成長経済での景気低迷

生産能力がまだ低く、そのため人々の消費水準も低い段階にある成長経済では、物価変動による貨幣やその他の金融資産の実質量の増減に対して、消費が十分に反応する。そのため、生産しても売れ残ったり、売れすぎてモノ不足が起こったりするのは、いずれも物価調整が完了するまでの短期間に限られており、長続きはしない。このとき、経済活動のトレンドを決めるのはモノの生産能力であり、金融資産は、需給ギャップに応じて発生する賃金や物価の動きによって増減するだけの脇役《わきやく》にすぎない。このような経済において、経済活動が低迷するとすれば、それは以下の三つの要因のいずれかによる。

①技術水準の低さ、非効率な生産活動、労働者や経営者の能力や意欲の欠如《けつじょ》などによって、生産能力が低迷するため。

②財市場や労働市場の非効率性や硬直性により、物価や賃金が円滑に調整されず、実質金融資産量がなかなか適正水準にならずに総需要が不足したり、需給情報の不備でモノや労働が十分に取引できなかったりするため。

③企業金融や家計金融（銀行ローン、住宅ローン、消費者金融など）に欠陥があり、将来の返済能力など、借り手の信用度に過度の不安があるために、投資資金や消費資金が必要

な人々に回らず、投資や消費が抑えられるため。

そもそも生産能力が低ければ、総需要がいくら大きくても、今ある生産能力以上に生産することはできない。したがって、実質所得は生産能力によって決められ、人々の生活水準もそれによって決まる。以上が、①の意味である。

②については、モノの市場や労働市場に欠陥があり、物価や賃金調整に遅れがあって、総需要不足に陥っても物価や賃金がすぐに下がらなければ、実質金融資産量がなかなか拡大せず、総需要の回復に時間がかかる。不況の原因がこれなら、物価や賃金の調整を速めれば、総需要不足や失業がすばやく解消されることになる。また、就職情報が十分に行き渡らず、求職や求人が減って生産活動が低迷しているなら、就職情報や就職制度を改善することによって十分な労働力が雇用され、生産が伸びていく。

③については、企業金融が不備であれば、設備投資資金が将来有望な企業に十分に回らないから、経済全体の生産能力が低迷する。また、家計金融が不完全であれば、将来十分な返済能力があっても当座の資金が不足している人は、思うように消費ができなくなって、需要が低迷する、ということになる。

供給の経済学

以上で述べたように、経済活動がモノの生産能力や市場の調整能力など、供給側の要因によって決まるのであれば、企業の生産性や設備拡大、労働供給量や働く意欲、市場の調整機能や制度の欠陥に焦点を当て、それらの強化策や改善策を探る経済学が役に立つ。実際、現代のマクロ経済理論のほとんどは、カネに関して取引の便利さしか考えていないため、資産選好が生み出す強い貯蓄意欲が消費意欲を凌駕《りょうが》して、消費が不足しつづけるような状況は扱わず、供給側の欠陥や、需給調整が完了するまでの一時的な景気低迷に焦点を当てている。

たとえば、①の要因に注目する代表的な理論では、リアル・ビジネス・サイクル（RBC）理論（F. E. Kydland, E. C. Prescott）がある。そこでは、景気変動は経済の適切な調整過程の現れにすぎない、と考えている。すなわち、自然災害や天候不順などで農地や工業生産設備などが破壊されれば、一時的に生産能力が低下し、それがそのまま実際の経済活動の減少となる。また、農家や企業が、破壊された農業インフラや生産設備を復旧しようとすれば、限られた生産能力の下で消費を減らして投資を増やすしかない。しかし、これを続けていけば、生産能力が徐々に回復し、生産量も時間を追って拡大してもとの水準にもどる。景気変動とは、このような、経済ショックに対する経済の自然な反応を示しているだけであるから、政府は無闇《むやみ》に政策介入して、自然な回復過程を乱すべきではない、ということになる。いわゆる市場原理主義は、このような考え方に立っている。

市場の欠陥の経済学

次に、②に示した市場の欠陥に注目する理論の1つに、企業の独占的な価格付け行動を前提とするニュー・ケインジアン理論がある。

企業はいつでも好きなときに、自由に自分の製品価格を変えることができるわけではない。いったん価格を付けてしまったら、次の機会が巡って来るまで変更できない。さらに、その機会は企業が決めるわけではなく、確率的に降ってくる。そのため、一時的な天候不順、自然災害、金融不安、政策変更などによって生産が減少したり需要が減ったりすると、今、価格変更の機会を与えられた企業は、将来、価格設定の機会が確率的にしか来ないという制約の下で、価格を決める。次に別の企業が価格改定の機会を得て、同様にそのときの価格を決める。このようにして、各企業が順次価格を変えていくため、全企業が完全に価格調整を終えてもとの均衡状態にもどるまでに時間がかかり、その間、景気が低迷すると考えている。

しかし、現実の経済取引では、価格はかなり頻繁に改定されており、特にネット取引が普及している現在では、価格改定のスピードは増している。そのため、たとえこれが原因だとしても、景気低迷が続くのはせいぜい半年か1年ほどでしかなく、近年、日本を含む多くの先進国が直面している長期経済停滞がこれによって説明できる、とは言いがたい。

さらに、この理論によれば、企業は自社製品やサービスの価格を変える機会が制限されているが、そのことをあらかじめ知って生産計画を立てているので、作ったけれど売れないという需要不足の状態は考えられていない。すなわち、この場合の不況とは、企業が、将来の需給状況に応じて迅速《じんそく》に価格変更することが難しいことを見越して、計画的に生産を絞った結果起こるものである。したがって、生産量が経済活動を決めており、売りたくても売れないという状況を説明しているわけではない。

同じ②に分類される経済理論として、労働市場での賃金調整の不完全性に注目したものに、サーチ・マッチング理論（P. Diamond, D. Mortensen, C. Pissarides）がある。そこでは、各企業は労働者が職探し（サーチ）に来るのを待っているが、必ずしも企業の要求と労働者の希望が折り合う（マッチする）わけではない。もし1人の労働者と1つの企業がうまくマッチすれば、製品が1つ作られる。そのとき、賃金はその企業とその労働者との交渉で決まる。また、企業と労働者の間のマッチが成立して生産活動をしていても、雇用は単位時間当たり一定率で解消され、労働者を失った企業と職を失った労働者は、新たに労働者探しと職探しを始める。

この経済では、マッチが増えれば、そのまま生産量の増大につながって、景気がよくなる。

このとき、マッチの数（＝生産量）は、企業が労働市場に参加するために（たとえばハローワークに登録するのに）いくらコストがかかるか、労働市場がどのくらい整備され情報が行き渡って効率よくマッチが成立するか、などに依存する。したがって、この理論に従えば、ハローワークの充実や就職情報の整備はマッチを高めて生産を増やすから、不況克服の鍵《かぎ》になる。

もしこれが、現在の先進諸国における経済停滞の理由であれば、日本の1990年代初頭のバブル崩壊やリーマン・ショックの前までは、職業安定所も充実し求人情報も整備されていたが、それ以降は劣化したから、マッチが減って失業が増え、生産が下がった、ということになる。しかし、現実には、今のほうが求人情報も職業マッチの技術も高いと考えるほうが自然であり、これが原因で、先進各国の経済が長期に低迷しているとは思えない。

このように、①も②も、結局は生産量の伸び悩みが景気停滞の原因であり、作りさえすれば売れると考えている。それが正しければ、企業が作ったモノの一部が政府に使われるなら、民間で使うことのできる生産物は減ってしまう。そのため、公共投資や公共サービスは民間の経済活動を阻害《そがい》するものであり、民間の用途より必要だと思われるものに限るべきだ、という結論になる。すなわち、政府の無駄の排除、小さな政府論である。

インフレ・ターゲット

前項では、財市場、労働市場のそれぞれについて価格調整の遅れや情報の不完全性を仮定し、それが経済活動を停滞させる原因と考える学説を見てきた。そこで提案される対策は、市場を整備することにより、価格調整の遅れや情報伝達の不完全性を是正することである。そうすれば、物価はすぐに下がって金融資産の実質量をすばやく拡大させるし、金融資産の貸借も円滑に行われて投資や消費を増やしたい人にすぐにカネが回り、需要はすぐに供給に見合う水準を回復するからである。

これに対し、金融政策によって、物価の水準ではなく変化率に影響を与え、それによって消費を喚起しようとする考え方がある。これがインフレ・ターゲット理論（P. Krugman）である。

そこでは、実質貨幣量が十分に大きく利子率がゼロに張り付いている（ゼロ金利の壁）状況を考える。さらに、今の物価がしばらく変化しないと仮定する。利子率がゼロに張り付いていれば、金融緩和によって実質貨幣量が増えても、利子率はゼロのまま貯蓄の有利さは変わらず、そのため消費も増えず、景気刺激効果はないことになる。

このとき、将来物価が低くなると思えば（デフレ予想）、貯蓄して消費を将来まで延ばしたほうが有利になるから、買い控えが起こって消費が減少する。反対に、将来物価が上がると思えば（インフレ予想）、今のうちにモノを消費しておいたほうが安く済むため、今の消費が増える。すなわち、中央銀行が今金融緩和をしても効果はないが、将来の金融緩和を宣言すれば、インフレ予想を生んで今の消費を刺激し、景気がよくなる、という主張である。

しかし、将来の物価を上げなくても、今の物価をすぐに下げることができれば、今より将来の物価が高くなるというインフレ予想を作り出すことができる。そうすれば、将来まで待つより今消費したほうが有利になって、今の消費が刺激される。そのため、インフレ・ターゲット理論では、今の物価が高止まりして動かない、という仮定が不可欠なのである。

このように、この理論での重要な仮定は、以下の3つである。

（ｉ）今すぐには物価は変化しない。
（ⅱ）ゼロ金利の状態にある。
（ⅲ）明日は、金融緩和によって物価を引き上げることができる。

このうち、（ⅲ）が成り立つということは、明日には総需要不足が解消されていなければならない。他方、（ｉ）から、景気が悪い今は、いくら貨幣を発行しても全然物価は上がらない。しかし、そうであれば、同じ理由で、明日も不況が続けば明日に貨幣を発行しても、やはり物価は上がらないはずである。つまり、この議論は明日には不況は自然に解決しているということ、言い換えれば、現在の不況が短期不況である、ということが前提になっている。

この理論は、日本銀行による異次元金融緩和の根拠になっている。2012年12月末の安倍晋三内閣発足とほぼ同時に就任した黒田東彦《くろだはるひこ》日銀総裁は、2年もすれば2%のインフレが起こると豪語していた。しかし、現実には7年後の安倍政権の終焉《しゅうえん》に至っても、さらに次の菅義偉《すがよしひで》政権や岸田文雄《きしだふみお》政権になっても、インフレはまったく起こっていないし、人々にインフレ期待が芽生えているわけでもない。その理由は、誰も近い将来に景気が回復するとは思っていないからである。

黒田総裁は、実体経済やインフレ率に対して思うような効果が出ていないことを指摘されても、「躊躇《ちゅうちょ》なく異次元緩和を行う」と繰り返すだけである。その裏には、このような強気の姿勢を続けて人々にインフレ期待を抱かせることが、景気回復に不可欠である、と思っているからであろう。しかし、現実には、日銀が「異次元」の規模で貨幣を発行しつづけても、インフレはもとよりインフレ期待も醸成されず、消費も国内総生産も低迷を続けて、ただ貨幣の供給量と株価、国債残高だけが異常に膨れあがっている。このままでは、株価や国債価格の信用不安と暴落だけでなく、円の信用不安さえ起こりかねない危険な状況になっている。

企業金融の不完全性

③に示した金融市場における不完全性が不況の原因、と考えている理論のうち、企業金融の信用制約に注目したものを見てみよう（清滝信宏、J. Moore）。今、一方に生産効率はいいが資本を持っていない企業があり、他方に生産効率は悪いが資本を抱えている企業があると考える。前者はベンチャー企業などを、後者は昔からの効率の悪い企業を念頭にしている。

この状況では、効率の悪い企業が資本を占有して、効率のいい企業に資本が回らないため、経済全体での生産が伸びずに経済が停滞する。このとき、金融市場が完全であり、各企業の効率性に関して正確な情報が行き渡っているなら、効率の悪い企業は操業を縮小するか止めるかして、自分の資本を効率のよい企業に貸し出すはずである。それにより、自分で資本を使うよりも高いレント（賃貸料）を取ることができるからである。他方、効率のよい企業は、資本を借りて生産を拡大することができる。その結果、経済全体の生産量が拡大する。

ところが、効率のよい企業の信用情報が不完全であれば、資本を借りたくても好きなだけ借りることができず、借りるには土地などの担保が必要になる。そのため、借入可能額が景気を反映した担保価値の変動に影響されて、十分な資本を借りることができず、生産量が思うように伸びない。その結果、経済全体の総生産量も伸びず、景気が低迷することになる。

もしこれが日本経済低迷の原因なら、資本を効率の悪い企業からよい企業に円滑に回るようにすればよい。その具体策として、政府の信用保証によるベンチャー企業への融資促進、政府機関による直接的な資金の貸与など、新規企業支援策が考えられる。これを担う政府系金融機関としては、日本政策投資銀行、商工組合中央金庫、日本政策金融公庫などがあろう。

これと類似の議論に「ゾンビ企業」という考え方がある。そこでは、古くからの非効率な企業をゾンビ企業と呼び、政府が倒産件数を抑えようとしてこれらの企業に補助金を出せば、経済全体の生産性悪化につながる、と考えている。効率の悪い企業の存続が停滞の原因という見方は、前述の信用制約モデルと共通している。

これらの理論でも、総需要不足という発想はない。人々はいくらでも消費したいが、効率の悪い企業が生産を独占しているから、モノが十分に生産されず、経済が低迷するという理解である。このとき、作ったモノはすべて売れることが前提となっている。そのため、これらの市場の欠陥を治さないまま政府需要や公共投資を拡大すれば、ただでさえ少なくなっている生産物を政府が使ってしまうから、民間の消費は減ってしまう。つまり、①や②に示した理論と同様に、供給側の何らかの歪《ゆが》みや非効率が不況の原因と捉《とら》えている。

不完全な家計金融

次に、需要側の消費不足をもたらす家計金融の不完全性に注目した議論を見てみよう（G. Eggertsson, N. Mehrotra, J. Robbins）。そこでは、一方で、今消費したいが手元に金融資産がない若者を考える。彼らは今借金をしても将来稼いで十分に返せるのに、家計信用情報の不備によって、思うように借金ができない。他方で、金融資産をたくさん持っているが、借り手の信用情報の不備で貸すことができず、将来、高齢者になったときに十分な利子収入を得ることができない中年世代がいる。さらに、高齢者は中年世代のときに十分な貸し出しができなかったために、利子収入が少なく、消費を控えざるを得ない。こうして、若い人も中年世代も高齢者も十分に消費ができず不況になる、という説明だ。

もしこれが、１９９０年代以降の日本経済の長期停滞の理由なら、90年代初頭までは日本の家計金融市場は完備しており、消費者は容易に借金できたが、90年代以降は市場の不備が広がり、十分に借金ができなくなった。そのため、総需要が不足して長期不況になった、ということになってしまう。そうであれば、日本経済が長期低迷から脱するには、若い人にお金をどんどん貸せるようにすればよい。

家計金融の不完全性に注目した議論のなかには、これとは逆に、借り入れ制約はかえって経済成長を促進するというものまである（T. Jappelli, M. Pagano）。この議論では、総需要不足はなく生産能力はすべて稼働しているため、消費が減れば投資に回すことのできるモノが増え、経済は逆に成長する。つまり、人々の時間選好が低く、今より将来の消費を重視して今の消費を自分の意志で抑えれば経済成長が促進される、という成長経済のメカニズムが、金融市場の不備による消費の強制的な抑制によっても働く、と考えているのである。これが正しければ、新型コロナウイルス感染症の流行で強制的に消費が抑えられれば、余ったモノが投資に回るから、経済成長率が上昇することになってしまう。

成長経済での景気刺激策

以上の①から③で紹介した現代の代表的なマクロ経済理論は、成長経済を前提としている。そこでは、人々の消費意欲が高く、消費も投資(=将来の消費への準備)も十分にあるため、総需要不足は起こらないが、生産能力が低いか、市場のどこかに欠陥ないし不備があって、生産水準が低いために景気が低迷する。これを解決するには、短期的には市場の欠陥や不備を是正し、長期的には生産性を上げることが大切である、という主張がなされる。

そのため、まずは金融緩和によって、直接、金融資産量を増やす。次に、財市場や労働市場の価格調整機能を高めて、実質金融資産量を早く適正な水準に持っていくようにする。このうち、財市場については物流インフラや情報ネットワークの整備、ネット取引の充実などが有効である。また、労働市場についてはハローワークなどの整備による雇用情報や職業紹介機能の充実、働き方改革などの雇用制度改革による解雇や採用の自由化などがよい。終身雇用と年功序列制度は、労働者の生産性とは直接結びつかない賃金の高止まりをもたらすため、雇用を流動化させ新規雇用や解雇を容易にして、適材適所の人員配置とすばやい賃金調整を実現することが望ましい。これらの政策や制度改革は、財市場や労働市場での正確な需給状況の把握と迅速な価格調整を可能にし、適切な金融資産量をすばやく達成するようになるから、景気の後退や過熱を早急に抑えることができるはずである。

また、女性や高齢者の労働参加を促し、日本全体の生産能力を高めるとともに、家計金融を広げて、消費したい人が好きなように消費できるようにすることも大切である。

さらに、長期的には、企業金融における信用情報の正確性の確保を図り、有望な企業の技術開発や生産設備拡大を促して、日本経済全体の生産性向上に結びつけることが重要になる。これにはベンチャー企業やR&D（研究開発）に対する資金融資の円滑化が必要であり、たとえば、政府保証制度や政府系金融機関による融資の充実などが考えられる。また、非効率な企業の廃業と清算を促すことも必要になる。

これに加えて、政府の活動を精査し、不要不急な事業を削減して、できる限り民間の邪魔《じやま》をしないようにすることも大切である。

これらの政策は、「構造改革」や「(新) 成長戦略」という掛け声のもとに、歴代のほとんどの政権が行ってきたことである。たとえば、橋本龍太郎《はしもとりゅうたろう》政権（1996～98年）の財政構造改革、小泉純一郎《こいずみじゅんいちろう》政権（2001～06年）の構造改革や不良債権処理、第2次安倍晋三政権（2012～20年）の掲げた「アベノミクス」における三本の矢、菅義偉政権（2020～21年）が掲げた中小企業の整理や地方銀行の整理統合、などである。このように、歴代政権の経済政策は、成長経済における処方箋《しょほうせん》を基礎に、立案実行されている。

3　成長経済から成熟経済へ

効かなくなった景気刺激策

1990年代初頭のバブル崩壊以降、日本では、長期デフレで物価や賃金が下がりつづけても、労働市場の自由化・流動化などにより需給調整の円滑化を図っても、また、金融緩和や財政出動などの伝統的な景気刺激策を大規模に推し進めても、消費はなかなか増えていかない。これは、成長経済で成り立っていた金融資産量の増大による消費拡大効果が、もはや働かなくなったことを意味している。

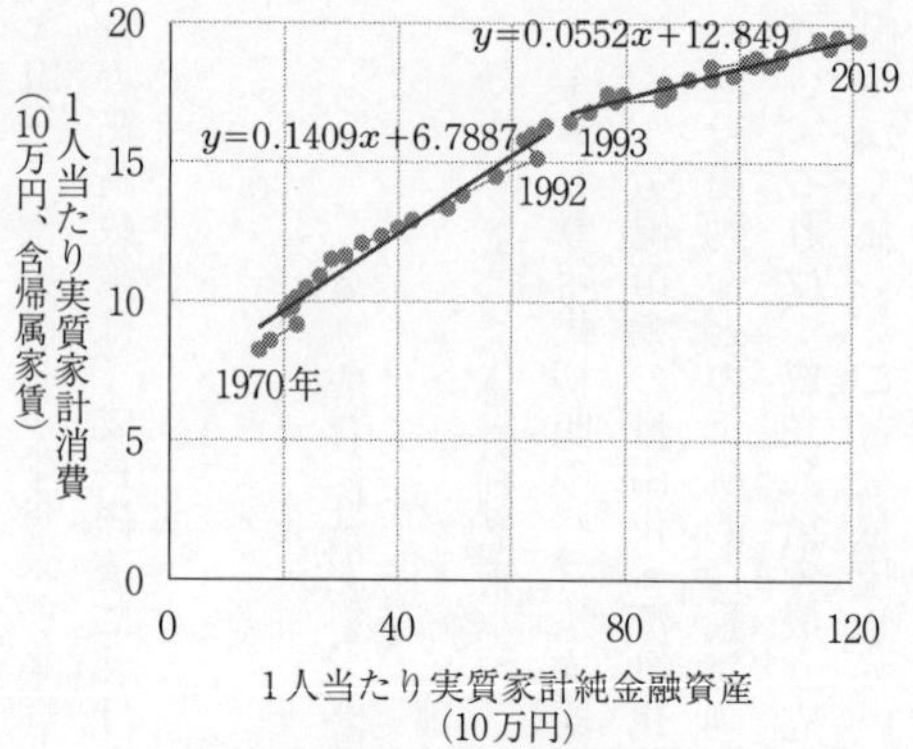

図2・5　家計純金融資産と家計消費
出典：内閣府国民経済計算.

図2・5では、日本における1人当たり実質家計純金融資産（資産から負債を差し引いた値）と1人当たり実質家計消費との関係を示している。ここからわかるように、実質金融資産が小さい頃は、実質金融資産の増大に伴って消費も比例的に増えていったが、実質金融資産が多くなると、消費の伸びは徐々に減っていき、90年代半ば以降は、実質金融資産がいくら増えても消費がほとんど増えなくなっている。すなわち、デフレが続いて金融資産の実質量が拡大しても、異次元金融緩和によって貨幣を大幅に増発し、それとともに株価が大きく膨張しても、消費はほとんど影響を受けていない。

消費と実質金融資産が連動しない傾向は、実質金融資産が増える局面だけではなく、減る局面においても同様に成り立っており、リーマン・ショックや東日本大震災の後でも、消費は一時的に下がったもののすぐに回復し、その後は以前の水準を維持している。このように、日本経済は1990年代初頭を境に、モノとカネが密接に連動する成長経済から、モノとカネが連動しない成熟経済に突入してしまったのである。

こうした状況は、2008年のリーマン・ショック以降の欧米各国でも同じである。これらの国々も、当初、大幅な金融緩和と財政出動を行ったが、経済は思うように回復しないまま、長期間、停滞を続けている。これは、これらの国々の生産能力が巨大化し、成長経済から成熟経済に移行して、総需要が生産能力の水準に達することができなくなったことを示している。

衰えない貯蓄意欲

こうした経済構造の変化は、貯蓄意欲の性質から導き出すことができる。貯蓄意欲の強さは、取引の便利さの指標である流動性プレミアムγと資産保有の満足を表す資産プレミアムδの合計で与えられる（図2・4の基本方程式の左辺）。このうち流動性プレミアムは、貨幣mの膨張に伴ってゼロになってしまうが（図2・2）、資産プレミアム$\delta(a, c)$は資産aが増えていっても、さらに資産を貯めたいという意欲が残るため、正の値のままである。

資産プレミアムとは、消費と比べた資産蓄積への相対的な欲望である。そのため、保有資産aが同じであれば、消費cが増えて消費をもっと増やしたいという欲望が減退するにつれ、

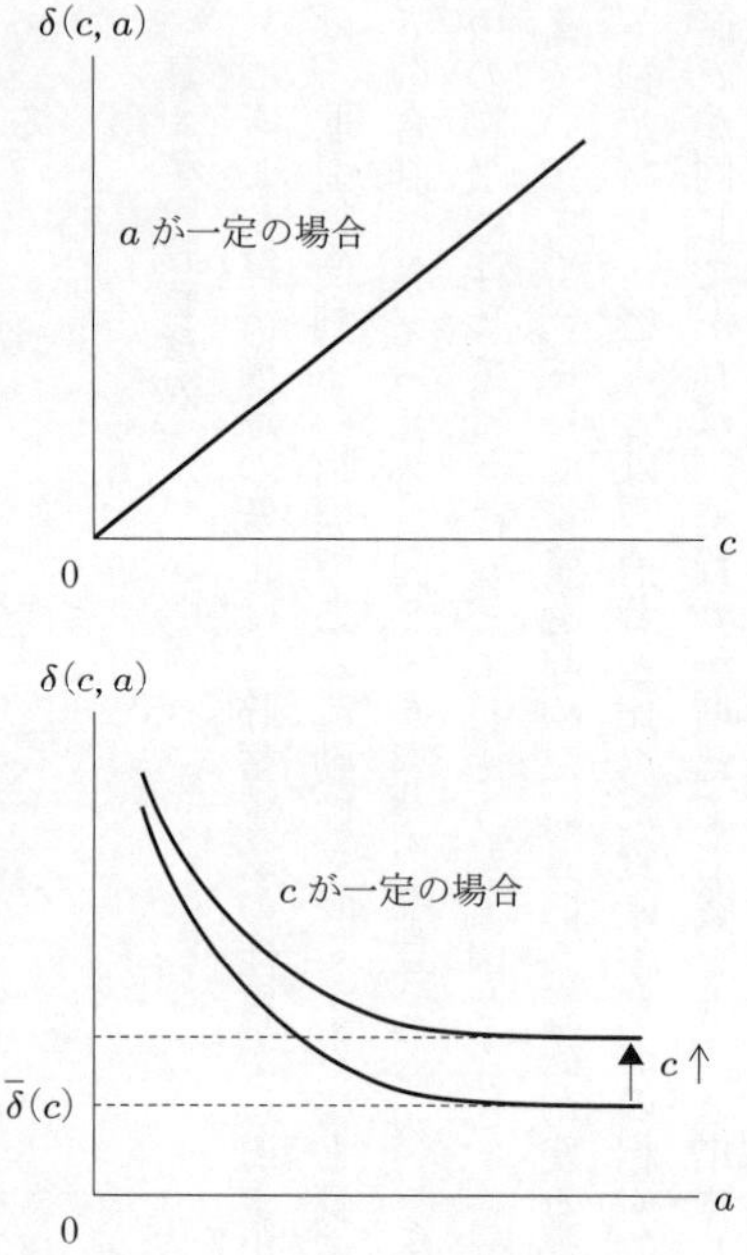

図2・6　資産プレミアムの性質

資産を増やしたいと思うようになり、資産プレミアムδが増加する。この性質は、図2・6の上図において、消費cに関して資産プレミアムδが右上がりになることによって表される。

他方、消費cが変わらなければ、保有する資産aが大きくなるにつれて経済的余裕ができるから、資産をさらに増やすより消費に回そうと思うようになって、資産プレミアムは低下していく（図2・6下図）。しかし、消費はあまり大きくなればもっと消費したいとは思わなくなるが、資産はいくら多くなってもさらに貯めたいという気持ちは残る。そのため、図2・6の下図のように、資産が増えていくと資産プレミアムδの低下は徐々に止まり、正の値$\bar{\delta}(c)$以下にはならない。

人々は、資産が多くなれば消費も増やしていくから、資産プレミアムについての上記の2

つの動きが同時に起こる。このとき、消費の増大は、消費を増やさず資産として貯めておこうという気持ちを強めるが、資産の増大は、資産を増やしたいという気持ちを弱める。すなわち、人々が豊かになるにつれて、消費増加による資産プレミアム上昇効果と、資産増加による資産プレミアム低下効果が、同時に現れる。

さらに、この2つの効果を比較すると、資産プレミアム上昇効果は消費が大きくなるにつれてどんどん強まるが（図2・6上図）、資産プレミアム低下効果は資産が増えていくにつれて減退し消えてしまう（図2・6下図において資産プレミアムは $\bar{\delta}(c)$ より下がらない）。そのため、資産と消費が同時に増えていくと、資産プレミアム上昇効果が低下効果を上回り、資産プレミアム δ は上昇して、図2・7に示されるような形状を持つ。これは、同じ人間でも、豊かになるほど貯蓄意欲が高まることを示している。

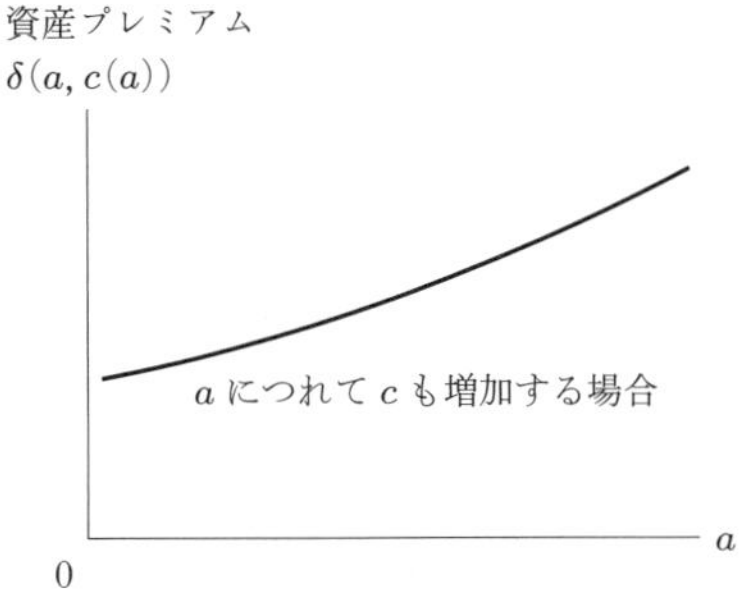

図2・7　資産保有量と貯蓄意欲

人が豊かになるほど貯める傾向を持っているなら、豊かな人と貧しい人の間で資産格差が拡大するはずである（第4章で詳論する）。さらに、これを経済全体の問題として考えれば、貧しい経済では、豊かになるにつれて消費も増えていくが、豊かな経済では、豊かになっても消費が伸びないことになる。そのため、貧しい経済では経済成長するが、豊かな経済では総需要が不足して、慢性的な不況に陥ってしまう。

生産能力の拡大と経済構造の変化

生産能力がそれほど大きくない経済では、生産能力に対して総需要が不足していれば、物価が下がって実質金融資産が増大し、消費と投資が刺激されて生産能力に見合った総需要が生まれる。この調整が十分に働いている限り、生産能力が大きくなれば、消費も金融資産もそれに見合うように増えて生産物はすべて需要され、人々の生活は豊かになっていく（図2・5中の1970～90年代初頭）。従来の経済学は、このような状態を考えているため、生産能力の拡大と市場の調整能力の向上を目指す経済政策を推奨する。

ところが生産能力が十分に大きくなり、それに伴って消費もどんどん増えていくと、人々が持つ消費増大への欲望は徐々に減退していく。他方、金融資産については、それが増えていっても資産蓄積への欲望はなかなか減らない（図2・6参照）。保有する資産が100倍になった家計が消費も100倍にするかといえば、そうはならず、消費水準は維持したまま資産を貯めようとするであろう。そのため、資産の実質価値が伸びつづけてますます金持ちになっても、消費は低迷したままである（図2・5中の90年代半ば以降）。

このような成熟経済では、物価が下がりつづけて資産の実質量が増大しても、また、金融財政政策によっていくらカネを民間に配っても、消費は増えず景気も回復しないまま、長期停滞に陥ってしまう。さらに、生産能力が増えても消費がそれに伴わず、第3章において示すように、総需要不足がさらに深刻化し、デフレが悪化して消費をさらに冷やし、生産能力がますます余って人余りも激化する。

生産能力の巨大化に伴い、経済活動を決める要素は変わってくる。生産能力が小さい経済では総需要は不足しないため、経済活動は生産能力が決める。ところが生産能力が大きくなりすぎると、資産選好によって消費が伸びず総需要不足が起こる。このとき経済活動は、生産能力ではなく総需要が決める。

4 資産選好とバブル

ファンダメンタルズとバブル

人々の資産選好がなければ、金融資産の価値はモノの活動に付随して決まる。貨幣について言えば、金額表示で示される名目貨幣量に対し、物価がモノの需給量に応じて調整されるから、貨幣の実質量は取引にとって都合のよい水準になる。もし取引に貨幣が必要なければ、貨幣は価値を持たず、世のなかに存在し得ない。その場合には、利子も生まず何の役にも立たない貨幣を持っている理由がなく、すべて収益を生み出す他の資産に換えたほうが得だからである。また株式について言えば、株式はそれを発行する企業の持分権であるため、株価はその企業が生み出す将来収益の合計価値、すなわち生産物から賃金などの諸費用を差し引いた値の現在から将来への合計値（利子率で割り引いた現在価値）になる。これらの値は**ファンダメンタルズ**と呼ばれる。

これに対し、貨幣や株価の**バブル**とは、貨幣の価値や株価がファンダメンタルズから乖離して膨張する現象を指す。そのため、資産選好がなければ、バブルは物価が需給に応じてうまく調整できていなかったり、企業の将来収益に対する情報が間違っていたりした場合にのみ発生する。モノの需給状況や企業の将来収益に関する情報が正確に伝わっていれば発生しないし、たとえ発生したとしても、正しい情報が得られるまでの一時的な現象にすぎない。

このような考え方から、投資家は、株価の上昇に直面すると、企業の業績が思っていたほど悪くなかったからとか、新製品開発や販路拡大があったから、などという説明をする。これは、予想されていなかった新しい事態に関する情報が入ったために、将来収益見通しが修正されたと思っているからである。

資産選好とバブル

資産選好がない場合には、貨幣の価値（＝物価水準の逆数）は取引の便利さだけを反映して決まり、株価は企業の将来収益予想だけを反映して決まる。ところが、資産選好がある場合には、これらの価値に資産保有から得られる満足を反映する分が加わる。そのとき、経済全体の資産価値の総計は、現在から将来にわたって生産されるモノの価値の合計を上回ってしまうため、それがすべてモノの購入に回ると、買えない分が出てきてしまう。しかし、それは資産選好を反映した分であり、人々が消費に回さず保有しておきたいと思っているからこそ、その価値が加わっている。したがって、買おうと思ったが買えない、という事態は起こらず、資産の信用は維持されて資産価格は値崩れしない。

資産選好が作り出す資産価値の膨張は、実は、本来の意味のバブルではない。バブルとは、根拠がないのに膨れ上がる価値であり、存続し得ないものだからである。ここで示した資産価値の拡大は、資産選好を満たすというサービスの価値を反映しており、れっきとしたファンダメンタルズである。これは、ただの布切れと絵の具と木枠の塊《かたまり》にすぎない名画が芸術的な感動を与え、その感動に見合って高価格が付くのと変わりはない。さらに、絵のよさがわからなくても、高額で売れると思うことで資産選好が満たされるなら、絵画の値段も、芸術的価値に加えて、高い値がついているということ自体に満足を覚える資産選好を反映する。しかし、金融資産への単なる信用が形作るファンダメンタルズであるため、根拠が脆弱《ぜいじゃく》で、信用が失われれば、いつ値崩れしてもおかしくはない。そのため本書では、これをバブルと呼ぶことにする。

デフレ不況下の資産高騰

資産選好によって生まれるバブルの幅は、資産プレミアムの大きさに依存する。また、経済が豊かになり、消費と資産が増えていくにつれて、資産プレミアムは上昇しつづける（図2・7）。その結果、成熟経済ではカネが資産の蓄積ばかりに回り、消費や生産は伸びないまま、資産価値だけが膨張しつづけることになる（図1・2）。

はじめに、貨幣についてこの現象を考えてみよう。生産能力が伸びても消費意欲が伸びなければ、総需要不足が慢性化して物価の継続的下落（デフレ）が続き、貨幣価値はどんどん膨張しつづける。それでも貨幣への信用が維持され、貨幣が人々の資産選好を満足させている限り、人々は購買力を消費には回さず貨幣を持ちつづける。これがデフレ不況であり、デフレは貨幣のバブルである。

資産価値の継続的膨張は株式でも起こる。株価が高騰しても、企業活動や需要環境が変わらなければ、企業収益も変わらない。株価が企業収益だけを背景にしているなら、その値は止まっているはずだが、資産選好を背景にしていれば、貨幣の場合と同様に、膨張しつづけることができる。そのため、1株当たりの企業収益を株価で割った株価収益率はどんどん低下し、株主の収益の源泉は最終的に株価の上昇だけになる。そのとき、デフレ不況下の株価高騰は、資産選好によって支えられるようになる。

資産選好を背景とする資産価値は、モノという裏付けを必要とせず、人々の資産を持っていたいという欲望だけに頼っている。そのため資産価値が膨らんでも総需要が増えず、実体経済が低迷しつづけても資産価格だけが膨張することができる。最近20～30年間の日本経済では、このような金融経済と実体経済の乖離が典型的に現れている。実際、図2・5には、1990年代になって始まった消費の低迷と、貨幣や株式、国債などの家計純金融資産の順調な拡大が示されている。

この傾向は、2012年末に発足した安倍晋三政権下では、特に顕著であった。日銀は異次元金融緩和を続け、歴史上かつてないようなペースで貨幣発行量が増大するとともに、財政赤字が拡大して、国債残高も世界最悪の水準に達した。これについて政府や日銀は、当初、2年たてば需要も回復しデフレも脱却できると言っていたが、実際には、9年たっても消費もGDPも一向に回復していない。その間、消費は低迷していたが株価が上がったから、政府・日銀は、しばらくすれば消費やGDPも回復してくるとたびたび主張し、景気対策は成功しつつあると豪語していた。しかし、金融経済と実体経済の乖離は成熟経済の典型的な不況現象であり、金融が拡大しても、実体経済は決して回復しない。

このように、人々が資産を持っていながら使わずに保持するということが、資産価格の継続的高騰を支える必須《ひっす》条件となる。もし資産選好そのものがなかったり、資産の価値への信用が失われて資産選好を満たさなくなったりすれば、それを背景として高騰していた資産価値は本当のバブルとなり、消滅してしまう。

国債とバブル

金融資産には、貨幣や株式の他にも資金の貸借や債券がある。これらは貸し手の貸出額と借り手の借入額が必ず一致するから、発行量が増大しても経済全体での総価値はゼロであり、経済全体の合計購買力は増大しない。

貸し手がいれば借り手もいるという債券の性質は、国債においても同様である。国債の貸し手は国債を購入する国民であり、借り手は国債を発行する政府だが、政府の支払いを保証するのは税金であるから、国債の元利を返済するのも国民である。そのため、国債も国民相互の貸借であり、いくら発行しても日本経済全体では資産価値を生まない。ところが、政府

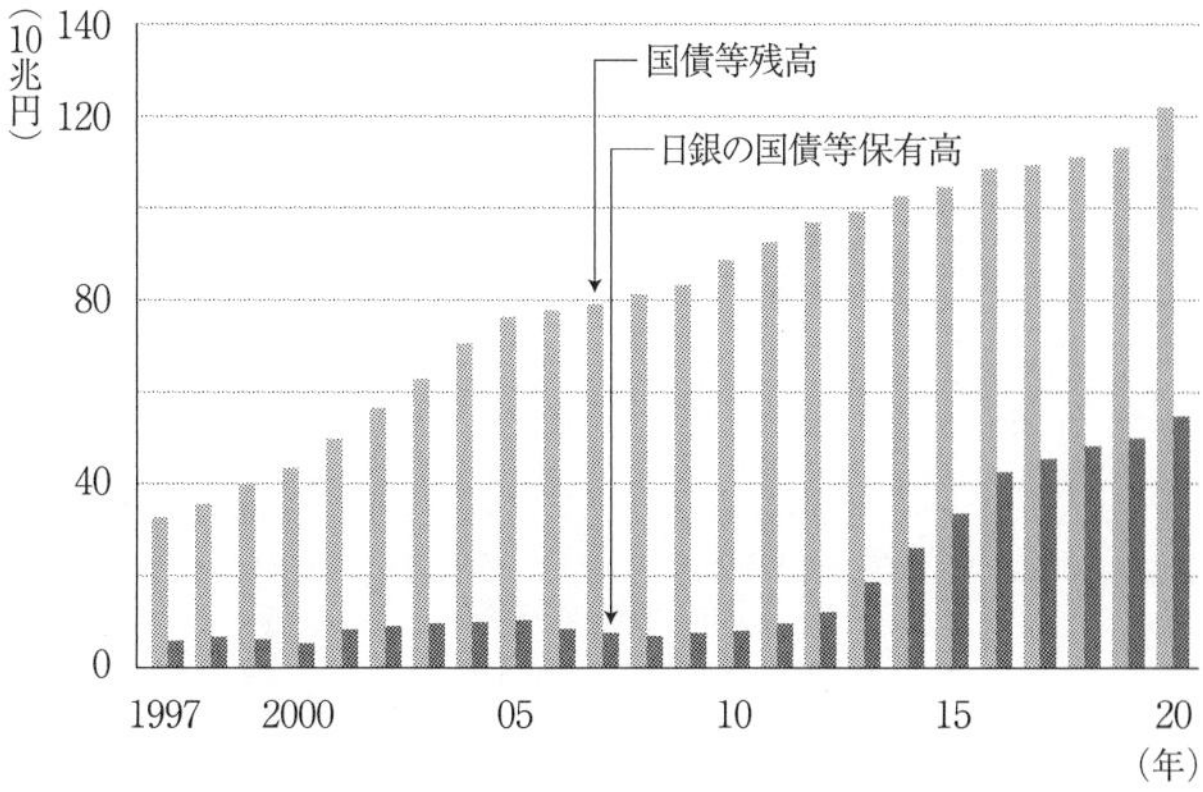

図2・8 国債等残高と日銀の国債等保有高
注：国債等とは中央政府＋公的金融機関の国債・財投債・国庫短期証券の合計.
出典：日本銀行資金循環表.

の借金と言われると、最終的な債務負担者が誰であるかが曖昧になり、国債を持っている者は資産と考えるが、納税者としての国民には当事者感が薄く、自分が借金を背負っているとはあまり思っていない。その結果、経済全体で合計しても、国債が資産として価値を持つようになる。後述するMMT理論（現代貨幣理論）はその好例で、赤字国債はいくら発行してもよく、それによって国民の購買力を引き上げると主張している。

また、最近では国債の多くを日本銀行が保有し、2020年末には45％にも達している（図2・8）。つまり、日本銀行が買い支えることによって、人々の国債への信用を維持し、最終的に返済可能かどうかわからないほど巨額の国債が発行されていても、人々は国債の価値を信用しつづけているのである。さらに、日銀が国債を買い支えれば、国債購入の支払いのために貨幣を発行するため、貨幣の発行量も巨額になる。それでも、国債の価値を人々が信用しつづけている限り資産選好は満たされ、国債を他の資産やモノにあわてて交換しようとは思わないから、国債の価値は維持される。

ところが、政府が際限なく国債を発行しつづけ、日銀が買い支えて貨幣量が膨張しつづけるならば、いつかは人々の国債への信用が崩れてしまう。また、日銀の貨幣発行の裏付けが国債であれば、国債とともに貨幣も信用を失い、資産選好を満足させることができなくなって価値を失うから、モノと交換できなくなって物価の異常高騰、すなわちハイパーインフレーションが起こる。これが国債や貨幣にとってのバブル崩壊である。

このような事態になれば、貨幣は取引の仲介手段としての機能を失い、すべての市場で取引が大混乱に陥る。このような事態を避けるために、財政当局も中央銀行も無闇に国債発行をしたり貨幣供給を増やしたりすることを避け、貨幣や国債の信用を維持するための不断の努力が必要なのである。

資金調達かギャンブルか

典型的な資産市場である株式市場の本来の役割とは、広く一般から豊富な投資資金を集めて、大きな収益を生む能力があると予想される企業に、将来の収益見込みに応じて資金を提供し、自由に生産活動が行えるようにすることである。そのとき投資家は、自分の財力に応じて株式を購入すればよく、たとえ企業が事業に失敗しても、損害は購入した株価の範囲にとどまる。そのため、一般の人々が各事業の内容を熟知していなくても、気軽にギャンブル感覚で株式市場に参入することができる。一方、企業にとっては、個々の投資家の投資資金は少額でも、多くの人々から集めることによって、多額の資金を容易に調達することができる。その結果、多くの有望な企業が新たな事業に着手できるようになる。それによって、経済全体の生産能力が大きく上がっていけば、生産能力が低く総需要不足の心配がない成長経済では、そのまま経済成長につながる。

ところが、生産能力が拡大して豊かな成熟経済になり、人々の資産選好が膨張すると、株式市場は、有望な企業に十分な投資資金調達の機会を与えるという本来の役割とは無関係に、ギャンブルとしての欲望、単に金を稼ぎたいという欲望を満たすというサービス提供の場と化す。その結果、企業収益の将来性を見ずに、人気ということのみが独自の価値を持って、株価を膨張させるようになる。J・M・ケインズが述べた美人投票のたとえ、すなわち、自分が本当に美人と思う人より、みんなが美人と思うと予想される人が多くの票を得て優勝するという状況が、株式について起こる。

株式市場がこのようになると、将来有望な企業に資金を集めるという役割を果たせなくなって、株価は人気だけが反映された評価となり、人気のゆらぎ次第で高騰と崩壊を繰り返すようになる。このとき、利益追求が目的の機関投資家の役割も変容し、将来有望な企業に関する正確な情報の提供から、資産選好を膨らますだけの言い訳や煽《あお》りを提供するものになってしまう。

それでも、資産価格の膨張が人々の購買意欲を引き上げるのであれば、総需要不足を解消し、景気を刺激する効果が期待できよう。しかし、不況下のバブルは資産選好が起こすものであり、その資産選好こそが金融資産増大による消費刺激効果を妨げて、総需要の低迷を生んでいる。そのため、株式の高騰は消費の刺激には結びつかない。

実際、最近の株価動向を見ても、2009年3月には7054円まで下がっていた日経平均株価は、19年12月には2万4000円を超えたが、その間、消費はほとんど動いていない。さらに、20年以降、コロナ・ショックの影響で消費は低迷しているのに株価は高騰を続け、21年4月には3万円を超えるまでになった。このように、長期不況下の日本では、株価と実体経済はまったく無関係に動いている。

第3章　成熟経済の構造

1 成熟経済の基本方程式

豊かな経済の資産選好

一国の生産能力は、その国が持っている労働力、資本設備、技術水準によって決まる。さらに、生産能力が低い成長経済では、生産能力がそのまま実際の経済活動水準となる。その理由は、生産能力が低いために消費水準が低く、人々の消費拡大意欲が大きいからである。消費拡大意欲が大きければ、たとえ金融資産が少ないために消費が抑えられ、総需要が不足していても、物価が下落して金融資産の実質量が拡大すれば、すぐに消費が膨らんで、総需要は生産能力に一致するまで増える。

これに対して、巨大な生産能力を備えた成熟経済では、人々はすでに十分な量の消費をしているため、総需要不足によって物価が下がり実質金融資産が増えても、消費は思うように

物価変化率 π

成長経済の基本方程式：$\gamma(m, c)+\delta(a, c)=\rho+\alpha\left(\frac{y-y^f}{y^f}\right)$

①ゼロ金利 $R=\gamma(m, c)=0$

②資産プレミアムの下限 $\delta(a, c)=\bar{\delta}(c)$

↓

成熟経済の基本方程式：$\bar{\delta}(c)=\rho+\alpha\left(\frac{y-y^f}{y^f}\right)$

図３・１　基本方程式の変化

増えていかない。そのため、せっかく高い生産能力を備えていてもそれを使い切れず、実際の生産は、少ない消費に企業投資と政府需要を加えた総需要の水準までしか伸びていかない。このとき、図２・３に示した成長経済における消費・貯蓄選択行動を示す基本方程式は、図３・１の下向きの矢印で示されるように変化する。

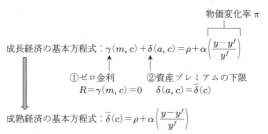

成長経済の基本方程式の左辺に示されている貯蓄の便益 $\gamma(m, c)+\delta(a, c)$ から考えてみよう。総需要が不足して物価が下がりつづければ、実質貨幣 m は拡大しつづけてモノの取引に必要な量を超え、流動性プレミアム $\gamma(m, c)$ はゼロになる（図３・１の①）。このとき、収益資産の収益率 R がプラスであれば、人々は貨幣をそれに換えようとするから、収益率 R もゼロ（$R=0$）まで下がる。

物価の下落は貨幣の実質量 m だけでなく、金融資産全体の実質量 a も増加させるため、資産蓄積願望を表す資産プレミアム $\delta(a, c)$ も徐々に下がっていく。こうして、貯蓄意欲を示す左辺$\gamma(m, c)+\delta(a, c)$が低下していけば、右辺の消費意欲を下回って消費が増え、総需要不足が徐々に解消される。この調整は、総需要不足が残っている限り続く。

しかし、資産選好はいつまでも残るため、図2・6の下図に示したように、物価が下落しつづけても資産プレミアム$\delta(a, c)$は徐々に低下しなくなり、実質金融資産量aと無関係な値$\bar{\delta}(c)$で止まってしまう（図3・1の②）。その結果、基本方程式は図3・1の最終式になる。

総需要が決める消費

物価が消費に影響を与える経路には、次の2つが考えられる。1つ目は物価の絶対水準P（円）であり、それが低ければ金融資産の実質量（mとa）が大きくなるから、貯蓄意欲（図3・1の成長経済の基本方程式の左辺）が下がって、消費を刺激する。2つ目は物価の変化率π（%）であり、インフレなら金融資産は目減りしていくため消費意欲（同じ基本方程式の右辺）が高まり、デフレなら金融資産の実質価値が上がっていくため、消費意欲を抑えてしまう。

消費水準の低い成長経済では、実質金融資産の大小が左辺の貯蓄意欲に影響を与えて、消費を増減させる。そのため、1つ目の物価水準が実質金融資産量を変えて消費を動かし、総需要を生産能力の水準に導く。さらに、総需要が生産能力と一致すれば物価は動かず、2つ目の物価変化率はゼロとなって総需要に影響を与えない。したがって、消費は物価の絶対水準によって決められる。

ところが成熟経済では、1つ目の物価水準が下がって実質金融資産が膨らんでも、貯蓄意欲は影響されないため（図3・1の成熟経済の基本方程式の左辺）、消費は増えない。一方、消費が増えないためにデフレ・ギャップは残るから、2つ目の物価変化率πによる消費意欲（基本方程式の右辺）への影響はいつまでも残る。したがって、このとき消費を決めるのは、物価水準Pではなく物価変化率πである。

このように、成熟経済の基本方程式では、消費cは物価変化率πによって決められ、物価変化率πは経済全体の超過需要率$(y-y^f)/y^f$によって決められる。そのため、消費cは総需要yと生産能力y^fの不一致の程度だけに依存するようになる。図3・2では、このことを考慮して、基本方程式を総需要yと生産能力y^fによって決められる消費cという形で表し、これを**新消費関数**と名付けている。

新消費関数：$c=c(y;y^f)$

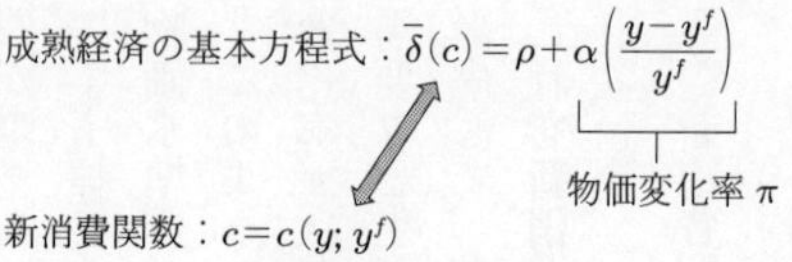

図3・2　新消費関数

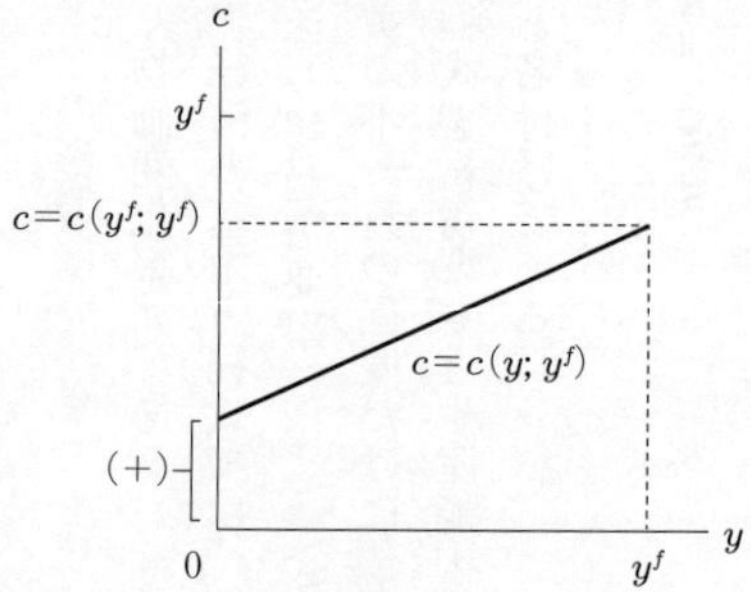

図3・3　新消費関数の形状

新消費関数

新消費関数の性質を示そう。総需要yが生産能力y^fと比べて小さいほど、デフレが悪化する。デフレがひどければ、金融資産の実質価値の拡大率が大きいから、貯蓄が有利になって消費を減らそうとする。逆に総需要yが大きいほどデフレが収まり、資産保有が不利になって消費が刺激される。したがって、図3・3に示すように、新消費関数$c(y;\,y^f)$の値は総需要yが増えるほど大きくなる。

また、総需要yが非常に小さくデフレがひどくなると、消費は小さくなっていくが、生きるためにある程度の消費は必要であるため、ゼロにはならない。そのため新消費関数は、消費水準を示す縦軸の正の値から始まっている（図3・3の＋）。

さらに、前項で述べたように、成熟経済の基本方程式が成立するのは、生産能力y^fが十分に大きく、総需要がそこまで届かない場合である。新消費関数は成熟経済の基本方程式を書き換えたものであるため、この関数が示す消費水準cは、常に生産能力y^fを下回っているはずである。

以上の特徴をまとめると、図3・3に示されるように、新消費関数は右上がりであり、常に正であるが、生産能力y^fより下を通る。

新消費関数が持つこれらの性質は、形式的には旧ケインズ経済学の消費関数と同じように見える。しかし、後で比較するように、その意味も政策的含意も大きく異なっている。

総需要と消費の決定

新消費関数が示す総需要yと消費cの関係を使えば、成熟経済で決まる総需要（＝総生産）の水準を簡単に知ることができる。

総需要yは消費cと政府需要gと投資iから成り立っている。消費が低迷している状況では、生産能力を拡大しても意味がないため、企業は現在の生産設備の補修や更新以上の投資をすることはない。実際、図3・4を見ても、最近の日本経済における企業設備形成はほぼ横ばいであり、資本減耗分を差し引いた純企業設備形成の値は、ほぼゼロの水準を前後している。そのため、投資は減価償却分に対応する一定値i_0であると考えると、総需要yは、図3・3に示した新消費関数$c(y;y^f)$に政府需要gと設備投資i_0が加わった、次の値になる。

$$y = c(y; y^f) + g + i_0$$

図3・5に示したように、これは図3・3の新消費関数を $g + i_0$ だけ上方に平行移動させた

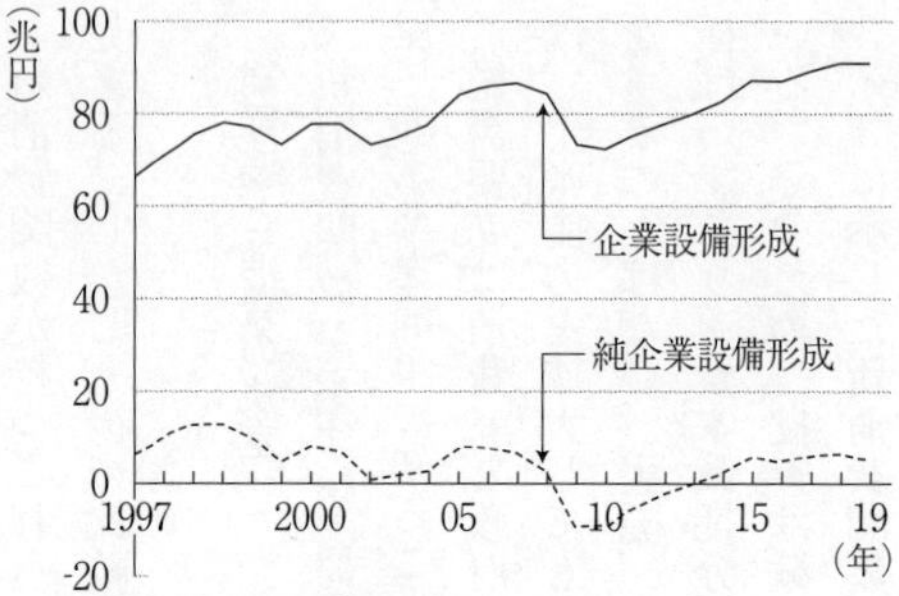

図3・4　純企業設備形成（実質1994〜2019年）
出典：内閣府国民経済計算.

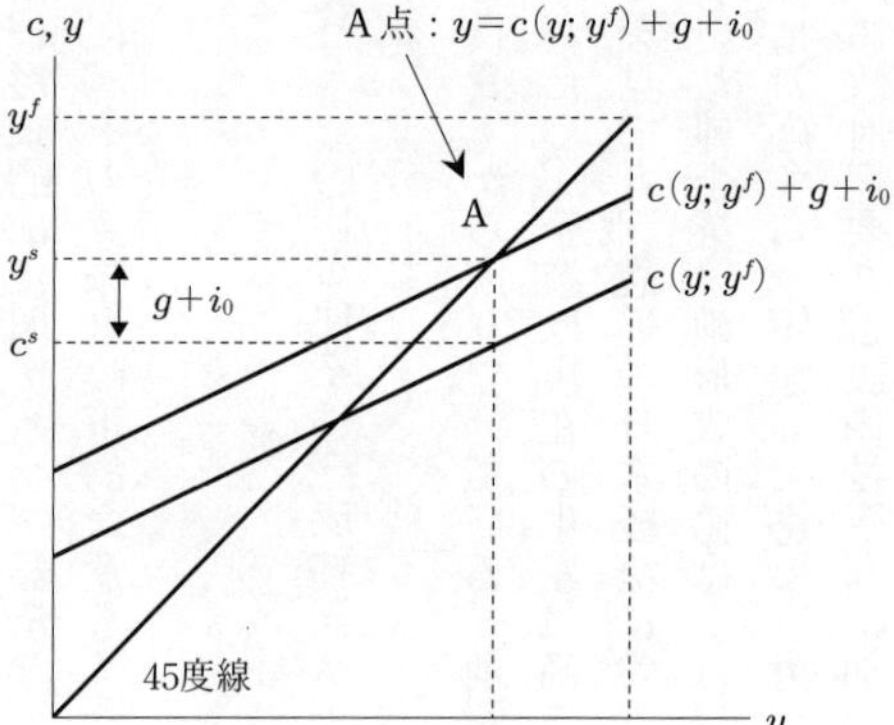

図3・5　総需要と消費の決定

ものである。

さらに、この総需要yは新消費関数$c(y;y^f)$のなかにあって物価変化率を決める総需要yと一致していなければならない。そのため、総需要yはこの曲線と45度線との交点Aに対応する値（＝y^s）となり、そのときの消費c^sは、

$$c^s=c(y^s;y^f)$$

となる（図3・5）。実際、そこではc^sと政府需要gと基礎投資i_0の合計が、総需要y^sに一致している。このとき、生産能力はy^fであり、企業はy^fまで売りたいのに総需要がy^sしかないため、生産能力が余ってデフレが起こり、人々にとっては消費するより金融資産を貯めておいたほうが有利になる。そのため、過小な水準c^sの消費しか行われない。

旧ケインズ経済学の消費関数

新消費関数$c(y;y^f)$が示す総需要と消費との関係（図3・3および図3・5）は、一見すると、マクロ経済学の初歩で学ぶ旧ケインズ経済学の所得と消費の関係（消費関数）と同じように見える。しかし、その経済的意味はまったく異なっている。そのため、次節において明

らかにするように、財政政策の効果も本質的に違うものになり、政策提言にも大きな違いが出てくる。

旧ケインズ経済学の消費関数では、各時点における人々の消費は、同時点で自分が使える所得に応じて決まると考える。使える所得が増えれば同時に消費が増え、使える所得が減れば消費も減る、という仮定である。

経済全体の所得yは、モノへの総需要分を生産し販売して得られる対価であり、そのため、所得は総需要と一致する。しかし、人々が実際に消費に使えるのは、その所得yから税金tを差し引き、さらに給付金sがある場合にはそれを足したものであるから、$(y-t+s)$であり、これを**可処分所得**と呼ぶ。旧ケインズ経済学では、その時々の可処分所得がそのときの消費cを決めると考え、

旧消費関数：$c=c(y-t+s)$

と仮定している。図3・5中の新消費関数$c(y;y^f)$を旧消費関数$c(y-t+s)$に取り替えれば、旧ケインズ経済学の乗数分析になる。

しかし、人々が消費に使えるカネは、そのときの可処分所得だけではない。金融資産を持

っていれば、可処分所得とは関係なくモノを買うことができる。資産の少ない人は、可処分所得が高くても消費を抑えるため、所得に比べた貯蓄の割合（＝貯蓄率）は高くなる。逆に、資産をたくさん持っている金持ちは、可処分所得が低くても消費を減らさないため、貯蓄率は低い。このように、個々の人々の貯蓄率は、資産保有量と可処分所得との組み合わせによってばらばらであり、可処分所得と消費が単純な一意の関係を持っているわけではない。

さらに、資産選好が膨らんだ豊かな成熟経済では、図3・1を使って議論したように、消費は金融資産にすら反応しなくなり、物価変化率だけに依存して決まる。すなわち、物価が上昇傾向にあれば金融資産保有は不利になるから今の消費を増やし、下降傾向にあれば金融資産の保有は有利になるから今の消費を減らす。物価変化率は、経済全体の供給能力y^fに比べた総需要yの相対的な大きさ（超過需要率）に依存して決まり、消費と貯蓄のどちらが有利かの選択に影響を与える。そのため、人々の消費cは、総需要yと供給能力y^fに依存して決まることになる。これが、図3・2に示した新消費関数$c(y; y^f)$の意味である。

このように、旧消費関数では、人々はその時々で手にする可処分所得だけを見て消費を決めると仮定しているが、図3・1に示した基本方程式およびそれを変形した新消費関数は、人々は物価変化率を見ながら、消費と貯蓄の便益を比較して消費を決めることを示している。

さらに、物価変化率を決めるのは生産能力に比べてどれくらい売れるか（＝総需要）であり、人々がそのときいくらのカネを受け取ったか（＝可処分所得）ではない。そのため、新消費関数は税金tや補助金sとは無関係である。

総需要と消費の因果関係

総需要が物価変化率を決め、それが人々の消費を決めるとすれば、消費と投資と政府需要の合計は、もとの総需要と一致しているはずである。図3・5の点Aで与えられる総需要y^sはこのような総需要である。総需要がこのように決まってしまえば、生産能力が余っていても実際に売ることのできる量は総需要の水準までなので、所得もその水準になってしまう。つまり、資産選好を持つ人々の行動を考えると、「総需要が所得を決める」ことがわかる。

ところが、旧ケインズ経済学では、その時々で所得が入るから消費をすると仮定しており、「所得が総需要を決める」と考えている。このように、旧ケインズ経済学では、総需要と所得の因果関係を反対に捉えているのである。

因果関係がどちらであっても、総需要と所得に密接な相関関係があることには違いがない。実際、ＧＤＰと消費は密接な関係を持っており、ＧＤＰはそのまま総所得になるため、総所得が消費を決めるという旧消費関数の説明と矛盾しないように見える。そのため、いまだに大学の学部レベルのほとんどの教科書では、旧ケインズ経済学の旧消費関数が使われている

好評既刊

101
ポストモダンの「近代」
―米中「新冷戦」を読み解く
田中明彦　政策研究大学院大学学長
●1650円

102
建国神話の社会史
―史実と虚偽の境界
古川隆久　日本大学教授
●1540円

103
新版
戦時下の経済学者
―経済学と総力戦
牧野邦昭　慶應義塾大学教授
●1540円

104
天皇退位 何が論じられたのか
―おことばから大嘗祭まで
御厨　貴　編著　東京大学名誉教授
●2200円

105
〈嘘〉の政治史
―生真面目な社会の不真面目な政治
五百旗頭　薫　東京大学教授
●1650円

106
神道の中世
―伊勢神宮・吉田神道・中世日本紀
伊藤　聡　茨城大学教授
●1650円

107
平成の経済政策はどう決められたか
―アベノミクスの源流をさぐる
土居丈朗　慶應義塾大学教授
●1980円

108
漢字の構造
―古代中国の社会と文化
落合淳思　立命館大学白川静記念東洋文字文化研究所客員研究員
●1980円

109
クレメント・アトリー
―チャーチルを破った男
河合秀和　学習院大学名誉教授
●2200円

110
新装版
日本近代小説史
安藤　宏　東京大学教授
●1870円

し、景気刺激のための財政政策も、多くの場合、この関係を根拠に実行されている。

しかし、因果関係が逆転していると、そこから導かれる政策提言は大きく異なってくる。たとえば、可処分所得が消費を決めると考える旧ケインズ経済学が正しければ、定額給付金や地域振興券などのばらまき政策は、税金を取らずに赤字財政によって行われる限り、可処分所得を増やして消費を刺激し、総需要を増やすはずである。ところが、消費が人々の資産選好と物価変化率で決まるなら、ばらまき政策で家計の可処分所得を増やしても、新規需要を作らないからデフレ・ギャップは埋まらない。そのため消費は刺激されず、総需要もGDPも増えない。

次節では、このことを念頭に置きながら、基本方程式を使って財政金融政策が景気に及ぼす効果を分析し、近年の長期不況下では、なぜそれらの伝統的景気刺激策が思うような効果を持たなかったのか、考えてみよう。

2　資産選好と財政金融政策

財政支出の拡大

財政支出拡大の効果から考えてみよう。財政支出には大きく分けて、政府が公共サービスを提供したり公共事業を行ったりして、モノや人への需要を作り出す場合（政府需要）と、給付金や補助金などのように、政府は何も買わず、直接お金を人々に渡す場合（移転支出）がある。この2つは同じ政府支出であっても、景気への効果は大きく異なってくる。

政府需要の場合には、政府がモノを購入したり人を雇ったりするので、総需要が増えて生産能力とのギャップが埋まり、賃金や物価の下落傾向が緩和される。消費者にとってみれば、それは消費を我慢して金融資産を保持することのメリットを引き下げる効果を持つから、人々の消費を促し、総需要を押し上げる。

この効果は、図3・5を再掲した図3・6を使えば、次のようになる。すなわち、政府需要gの増大がその分だけ総需要（＝消費＋政府需要＋投資）$c+g+i_0$を上方に移動させるため、45度線との交点Aも上方のA′まで移動して、総需要がy_1^sからy_2^sに増加する。それと同時に消費cも$c(y_1^s;\ y^f)$から$c(y_2^s;\ y^f)$に増える。この増加は、総需要の増大がデフレを緩和して、消費を促すことを表している。

給付金や補助金などの移転支出の場合はどうか。これらはお金を渡すだけで新たな需要を作らないため、物価変化率にはまったく影響を与えない。したがって、図3・6における新消費関数 $c(y;\, y^f)$ にも、総需要を表す $c(y;\, y^f)+g+i_0$ にも何の効果もなく、そのため消費にも景気にもいっさい影響を与えない。

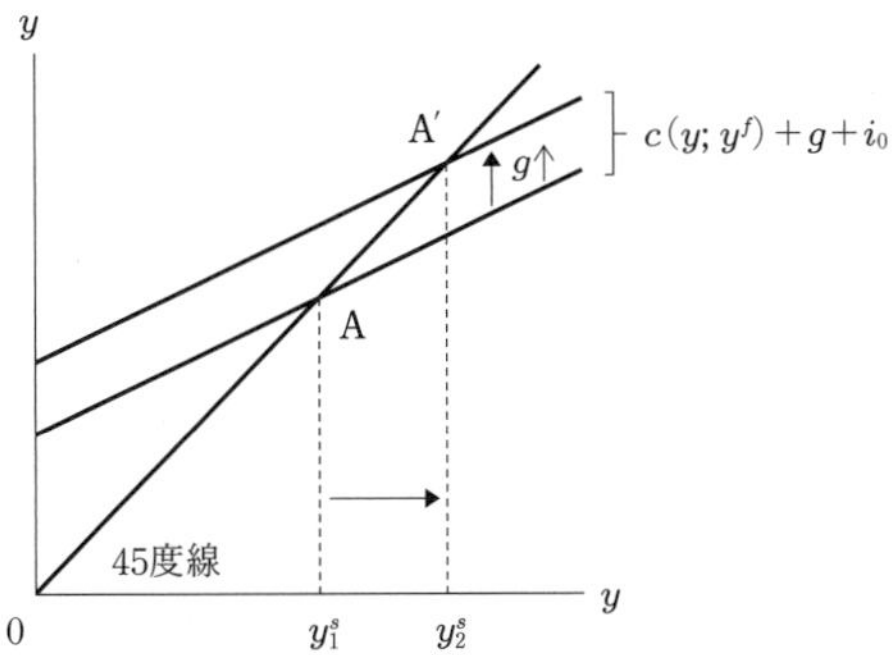

図3・6　政府需要の効果

さらに、財政拡大の消費への効果は、財政資金が赤字財政で賄われようが増税で賄われようが変わりはない。消費が満ち足りた成熟経済においては、カネの増減は景気に無関係だからである。財政拡大が消費を刺激して景気にプラスの効果を与えるのは、政府から民間にカネが渡るからではなく、実需を生んで新たな雇用を生み出し、物価や賃金のデフレ傾向を緩和するからである。増税しても政府需要が減るわけではないので、物価変化率に影響を与えず、そのため、消費も変化しない。

したがって、１９９９年に公明党の主導で行われた地域振興券というばらまきも、コロナ・ショック下に菅義偉政権によって行われた一律給付金も、豊かな人々の消費には何の影響も及ぼさない。豊かな人たちにとっては、お金がただで入ってきたから口座残高が増えた、というだけである。消費に効果があるのは、資産が少ないために成長経済の基本方程式が成り立ち、消費がカネの量に反応する人々である。したがって、景気刺激のために民間にお金を配るなら、対象は資産の少ない貧しい人たちに限定すべきである。ある程度の資産を持っている富裕層に配っても、まったく効果はない。

民間の税負担の軽減と政府の財政健全化の両立策として、多くの政治家が減税と政府需要削減を口にする。しかし、ここでの分析から、この組み合わせが景気を悪化させる、ということもわかる。減税は、税金で集めたカネを民間に配るのと同じで景気刺激効果はないが、政府需要の削減は、実需を減らしてデフレを悪化させ、消費を抑制して景気を押し下げてしまう。そのため、この2つの組み合わせは総需要を減らし、総生産も総所得も減らして、かえって国民の負担を増す。

消費税と景気

前項では、財政資金を賄うのに、増税でも赤字国債でも、消費には影響がないと述べた。しかし、消費税を引き上げると景気を悪化させるという主張は多い。本当にそうか。

消費税増税はその率だけ消費者物価を引き上げるため、景気に及ぼす効果は、物価上昇がもたらす実質金融資産の減少効果である。したがって、消費意欲の大きな成長経済においては、貨幣mや資産aが減って人々の流動性プレミアムγや資産プレミアムδが上昇し（図3・7、成長経済の基本方程式の左辺）、貯蓄意欲が高まるから、消費を減らしてしまう。ところが成熟経済では、資産プレミアム$\bar{\delta}$は実質金融資産に反応しないため（図3・7、成熟経済の基本方程式の左辺）、消費は変化しない。このように、消費税増税が消費を引き下げるという主張が正しいのは成長経済だけであり、成熟経済では成り立たない。

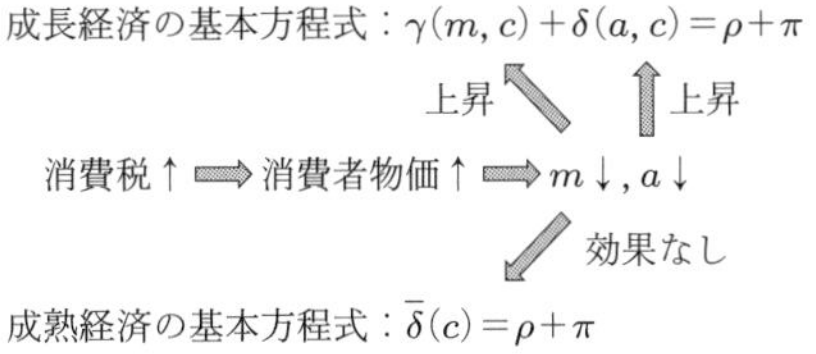

図3・7　消費税の効果

　以上は消費税増税の長期的な効果であるが、これ以外に、消費税増税の前後で短期的に起こる物価の変動がある。増税時には、消費者物価が増税分だけ急激に上がり（インフレ効果）、その後はもとの動きにもどる。したがって、消費税増税の直前には、図3・7の2つの基本方程式の右辺にある物価変化率πが急上昇して消費意欲を引き上げ、消費が急増する。しかし、増税後は、物価変化率はもとにもどるため、増税直前に買い溜《だ》めしたモノが残っている間は消費が減るが、その後はすぐにもとの水準にもどる。これが、消費税増税時の駆け込み需要

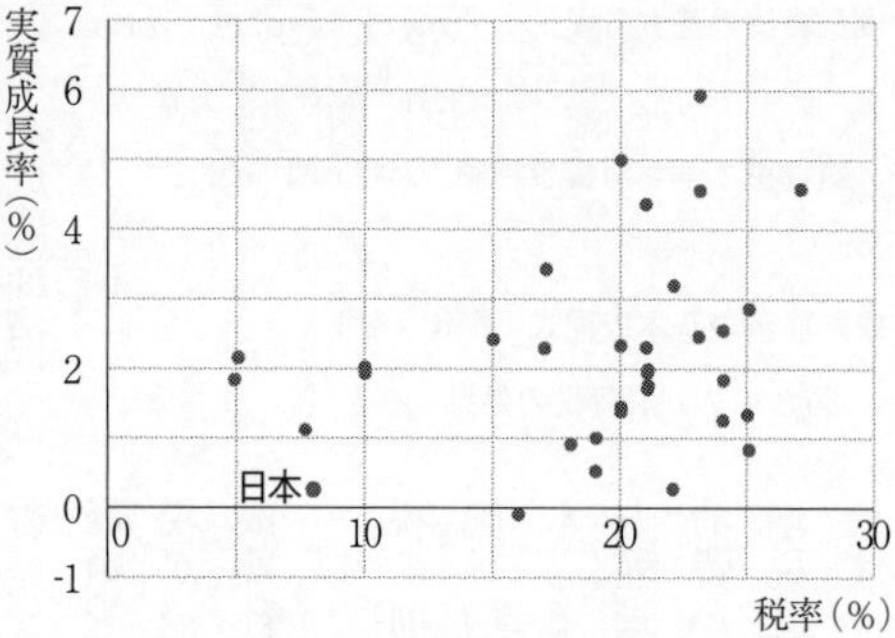

図3・8　消費・付加価値税率と成長率（OECD36か国，2019年）
注：米国は各州売上税平均.
出典：OECD（税率），IMF World Outlook（成長率）.

と買い控えである。このとき消費量は、増税を境に大きく上下するだけで、年間を通した量は影響を受けない。

また、もし高い消費税が景気を悪化させるなら、消費税率の高い国は景気が悪いはずである。図3・8は、OECD諸国の消費・付加価値税率と経済成長率の関係を示している。この図において、日本は左端に近いところにあり、これは日本の消費税が、OECD諸国のなかでも最低水準に近いことを示している。それなのに、経済成長率は下から2番目である。さらに、この散布図では、各国がばらばらに分布している。これは、消費・付加価値税率と経済成長率がまったく無関係であることを示している。

成熟経済の大増税

本節のこれまでの議論では、財政資金を増税で賄おうが赤字財政で賄おうが、政府需要拡大による景気刺激効果は同じであることを明らかにした。それでは、いくら巨額の増税をしても、影響はないのだろうか。

増税をしても、それがそのまま政府によって支出されるから、人々の持っているカネが減ることも増えることもない。そのため、税金のために人々のカネがなくなるということもない。それでは、もし政府が増税で集めたカネをいっさい使わず、国庫に入れてしまったらどうか。それは金融資産の収縮を意味する。現在の豊かな経済の不況では、金融資産の量がある程度増減しても消費は変化しないため、経済に何の影響もない。しかし、増税幅が極端に大きく、金融資産の減少が消費に影響を与えるほどであれば、一時的に消費が減って景気は悪化する。それでも、物価が下がって金融資産が増えていけば、再びもとの不況状態にもどるだけである。

また、所得税増税は人々の働く気を削いで労働供給を減らすから、経済活動が低下する、という主張もある。実際、完全雇用を実現している成長経済であれば、労働供給の減少は生産量の減少に直結して景気を悪化させる。しかし、生産能力が余っている成熟経済では、労働供給の減少による供給能力の低下は、かえって労働、物、サービスのデフレ・ギャップを緩和して消費を刺激する。さらに、能力の高い人が労働時間を減らせば、失業者に雇用機会が回って新たに就職した人々が消費を増やすし、能力の高い豊かな人たちは消費を変えないから、総需要が増える。このように、所得税増税は景気を引き上げることはあっても、引き下げることはない。

成熟経済ではあっても、ほとんどの人々が働く気にならなくなるほど極端に高い所得税をかけたらどうか。その場合には、労働供給が極端に減少するため、生産能力も大きく下がり、総需要不足が消滅するかもしれない。そうなると、生産能力の低下は景気の悪化に直結する。つまり、所得税増税は供給能力に比べて総需要が不足している範囲では景気を悪化させないが、すべての人々の働く気をなくさせて、供給能力を総需要水準以下にまで引き下げてしまうような大増税であれば、成熟経済から成長経済にもどってしまうため、経済活動を低下させてしまう。

このように、成熟経済では、経済を成長段階にもどしてしまうような極端な大増税を行わない限り、増税による景気へのマイナス効果はない。

旧消費関数とばらまき政策

旧ケインズ経済学における典型的な景気刺激策とは、赤字財政による支出の増加である。財政支出には、政府がモノを購入して国民に役立てる政府需要と、民間にそのままカネを渡す移転支出がある。

今、政府が赤字財政によって政府需要を増やしたとすれば、総需要は政府需要分だけ増え、それと同時に人々の所得も政府需要分だけ増える。旧消費関数の考え方に従えば、このとき増加した所得の一部はモノの消費に回されるため、その分のモノが新たに売れて生産者に支払われ、賃金や利潤の形で新たな所得として人々に分配される。新たな所得の一部は再び消費に回され、さらに新たな所得を生む。このプロセスが繰り返されれば、当初の政府需要の規模をはるかに超える総需要と国内総生産の増大が生まれる、という論理だ。この効果は、財政支出の**乗数効果**と呼ばれる。ここで、乗数とは、当初の財政支出額に対して総需要の増大が何倍であるか、を意味する。

次に、赤字財政によって政府需要ではなく、移転支出を増やしたとしよう。移転支出とは、政府は何も購入せずに直接カネを民間に渡すものであるため、当初の政府需要はなくなり、乗数効果は、人々が受け取ったカネの一部を消費に回すことから始まる。そのため、移転支出の乗数効果は消費刺激効果だけからなり、国民経済計算上では、景気拡大効果は政府需要の場合と比べて、当初の政府需要分だけ小さくなる。

ただし、この差は実質上の意味を持たない。もし政府需要が、投入した金額に見合った価値を生むなら、その分ＧＤＰが増えたと考えてよいが、穴を掘って埋めるだけのようなまったく無意味な政府事業なら、渡すカネの名目が給与になっただけで、何もせずにカネを渡す移転支出と何ら変わりがない。つまり、政府需要による国内経済への貢献は、政府需要の価値分だけになる。しかし、国民経済計算の上では、政府需要の中身が何であれ、かかった費用分の価値が生まれていると仮定されている。そのため、中身にかかわらず、政府需要のほうがその費用分だけ、移転支出よりも乗数効果が大きい、とされるのである。

いずれにせよ、旧ケインズ経済学に従えば、財政拡大による消費への効果は、財政支出の中身が政府需要であろうが移転支出であろうが、また政府需要によって購入されるモノが何であろうが、当初、政府から民間にカネがいくら流れたかという金額だけに依存する。したがって、赤字財政ではなく増税によって財政拡大を行えば、政府から民間に流れるカネの純額は増えも減りもしないため、消費刺激効果は消えてしまう。そのため、消費を刺激するには赤字財政が不可欠となる。ここから、景気対策としての赤字財政の推奨、中身ではなく金額を重視した財政出動など、ケインズ政策においてもっとも批判される「ばらまき政策」が出てくる。

しかし、財政赤字はいつか国民自身が返さなければならず、そのときには可処分所得が減ってしまう。そのため、景気が悪いときには財政赤字にし、景気が回復したときに財政黒字にして返済すればいい、という主張が生まれた。ところが、成熟経済の長期不況においては、景気はいつまで経っても回復しないから、財政黒字にもどされることなく財政赤字がいつまでも続く。その結果、巨大な政府債務が積み上がることになる。

実際、現代の日本では、政府が巨額の財政赤字を続けて国債を積み上げ、日本銀行は異次元緩和と称してそれを大量に買い上げ、巨額の円を供給している。その結果、日本政府は史上最悪の累積債務を抱えて返済の目処《めど》すら立っていない。１９９９年には、当時の小渕恵三《おぶちけいぞう》首相が自らを揶揄《やゆ》して「世界一の借金王」と呼んだが、それでも同年末の中央政府と公的金融機関の債務残高は３９７兆円であった。それが２０２０年末には、３倍を超える１２２０兆円になっている（図２・８）。それなのに、政府も日銀も危機意識がなく、赤字の拡大をさらに続けている。

ＭＭＴ理論

政府財政の危機的状況に対し、国債はいくら発行しても中央銀行が貨幣を刷って引き受ければいいので、いくら積み上げても国家財政は破綻《はたん》しないという、いわば「開き直り」のような主張が生まれてきた。これが、最近にわかに注目を集めているＭＭＴ理論（現代貨幣理論）である。ＭＭＴ論者の主張を以下に要約してみよう。

「不況は総需要不足で起こっているから、需要を作るべきである。その方法として、赤字財政によって政府支出を増加させればよい。これまでの経済学者は、国債が積み上がればひどいインフレが起こるというが、インフレは総需要が生産能力に届かない限り起こらないから、財政拡大を続けるべきだ。日本では政府債務が異常に膨らんでいると言われるが、それでもインフレは起こっていない。したがって、日本で財政赤字をさらに続けても心配する必要はない。

市中にお金を回すには、財政赤字以外にも金融緩和という手段があり、日本でも異次元緩和を行っているが、一向に効果は見えない。金融緩和とは、日銀から民間金融機関に貨幣を貸し出し、それを民間金融機関が企業や消費者に貸し出すことによって、需要を作り出すものである。しかし、現在の不況下では、投資も消費も低迷して民間の資金需要は冷え込んでいるため、日銀からの貸し出しを受けた銀行は、資金を日銀内の自分の当座預金に貯め込むだけであり、資金は市中に流れていかない。そのため、政府が国債を発行し、それを日銀が引き受け、政府がその資金で財政拡大をすれば、強制的に市中にカネが流れる。そうすれば人々の可処分所得が増えるから、旧ケインズ経済学の消費関数と乗数効果の論理によって総需要が増える」

以上が、MMT論者の主張の要約である。

しかし、現実には、日本は膨大な財政赤字を積み重ねているが、景気は一向に回復していない。これに対してMMT論者は、これまでの財政支出では不十分であり、せっかく回復の兆しがあってもすぐに緊縮財政に転じてしまうから、景気は回復しない。もっと膨大かつ継続的な支出が必要だと説く。

このようにMMT理論は、金融緩和では市中のお金が増えないため、大規模な赤字財政によって市中にカネを流すべきである主張している。しかし、現実を見れば、図2・5に示したように、1990年代初頭と比べても、1人当たり家計純金融資産は膨大な量に膨れあがっているのに、1人当たり消費はほとんど伸びていない。この傾向は、総量を見ても同じで、1992年末には669兆円ほどであった家計純金融資産が、2018年末には1512兆円になり、2・26倍にもなっている。それでも、当時219兆円ほどだった消費は247兆円と、1割程度しか伸びていない。このような状況で、赤字財政によってカネを配っても、総需要に影響を与えるとはとても思えない。効果が現れないのは財政規模が少なすぎるから、というMMT論者の主張を受け入れるなら、さらに、どれほど膨大な財政赤字を積み上げればいいのであろうか。

資産選好と赤字財政

総需要不足に陥った経済への景気刺激策として、赤字財政を推奨する旧ケインズ経済学やMMT理論の主張を、資産選好の視点から考えてみよう。

人々の資産選好が強まっている成熟経済では、総需要不足によっていくら物価が下がっても、人々は消費を増やすよりも資産を増やしたいという欲望を持っているため、カネが消費に回らず、不況が長期化する。そのような経済では、カネを増やしても消費にも投資にも回らず、金融資産だけが実体経済と無関係に膨れあがって、過剰流動性や株価の膨張、政府債務の拡大などを生む。そのため、大幅な赤字財政や金融緩和によって、貨幣や国債や株式などの金融資産がさらに増大し、GDPの数倍もの規模になっても、消費は思うように増えず、景気も回復しない。

もし本当に、それだけの量の金融資産拡大に応じた総需要の増大があるなら、経済全体の生産能力をフル稼働させても、とても総需要を満たすことはできないので、金融資産の信用は崩壊する。しかし、人々の金融資産への信用が揺るぎないものであり、資産選好によって、カネを使うよりも保有することに喜びを見出すなら、モノと交換できるはずという信用だけで膨張してきた金融資産は、実際には、ほんの一部しかモノの購入に回されない。そうであれば、金融資産にそれだけの価値がないことが永久に露見しないため、皆が殺到してモノに交換しようとすることもなく、金融資産の信用は維持されてバブルは崩壊しない。インフレが起こらない理由も、赤字財政によってカネをばらまいても、資産選好によって人々は貯めるばかりで需要に結びつかず、総需要不足が続くからである。

このように、MMT理論が指摘している、いくら赤字財政を続けてもインフレも財政破綻も起こらないという状況は、資産選好によって説明できる。この状況が続くのは、国債発行によって財政支出を増大させても、消費も総需要も増えず、実際には価値がないことが明らかにならないからである。しかし、消費も総需要も増えないのであれば、そもそも大規模な赤字財政を続ける意味がない。

この現象は、実際に第2次安倍政権下の異次元緩和の下で起こっていた。政府は財政赤字を続けて膨大な量の国債を積み上げ、日銀は国債を買いつづけてそれと交換に膨大な量の貨幣を供給してきた。安倍元首相はそのような経済政策を振り返り、デフレ脱却とは、物価上昇や消費、GDPの成長だけではなく、雇用や金融も含めたものだと主張し、物価も消費も伸びていないが、株価は上昇して雇用も改善しているから、アベノミクスは成功したと豪語している。しかし、消費が増えなければ生産を増やすこともできないため、雇用が増えても非効率な使い方をしたりパートタイムにしたりして、多くの人で仕事を分け合うことしかできなかった。

結局、旧ケインズ経済学やMMT理論の論者が勧める赤字財政の拡大も、黒田日銀総裁が主張する異次元金融緩和の継続も、カネという虚構の幸せを人々に提供するという効果はあっても、本来の目的である実体経済の回復という効果はない。しかし、実体経済への効果がないのは赤字財政や金融緩和がまだ足りないからだという理由でこれを続け、膨大な量の国債と貨幣を積み上げれば、最終的には国債も貨幣も信用を失って、モノへの需要とは無関係に貨幣価値が崩壊するハイパーインフレを引き起こす危険がある。それが起これば、人々は、価値が急速に下がりつづけるカネを早くモノに交換しようとして市場に殺到するから、一時的にはモノへの需要が爆発的に増えるが、経済はすぐに大混乱に陥って経済取引も満足にできなくなる。一度こうなったら、貨幣や国債の信用を取りもどしてもとの状態を回復するのは、ほとんど不可能である。

金融緩和と投資

金融緩和のもう1つの効果として、投資の刺激が考えられる。日本銀行が貸出金利を引き下げ、民間金融機関に大量の貨幣を貸し付ければ、企業は民間金融機関から低利で融資を受けることができるため、収益率の低いプロジェクトにも着手できるようになって、投資が伸びる。その結果、総需要が膨らんで生産活動が拡大し、景気が改善するというわけである。

しかし、そもそも消費需要が低迷し、そのため企業が生産を増やしても売れない状況では、生産設備を拡大しても、使われずに無駄になるだけである。また、日本経済が長期需要不足に陥って以来、日銀は金融緩和を極端に推し進めて金利を下げつづけ、今やゼロ金利にまでなって、もう下げようがない。それなのに、さらに量的緩和と称して、名目利子率がゼロのまま貨幣の供給量だけを無理に拡大しているが、設備投資は増えていない（図3・4）。

これは当然の結果であって、作ったモノが売れる見通しがなければ、企業はいくらお金を低金利で借りることができるとしても、設備投資を増やすはずがない。そのため、MMT論者も指摘しているように、民間銀行はお金を日銀当座預金口座に貯めるだけで、お金は市中に流れていかない。

財政支出の目的

これまで、財政支出のカネを配るという側面に注目し、それでは景気刺激効果がないことを見てきた。しかし、財政支出の本来の目的とは、国民の健康で安定した生活を維持するために必要な社会インフラや公共サービス、すなわち、道路や橋梁《きょうりょう》、港湾などの公共設備、公衆衛生や安全保障などを整備し提供することである。特に、総需要不足のない成長経済では、景気は物価調整を通して自律的に回復するから、財政拡大によって景気を刺激する必要性は限られる。その上、消費需要に比べて生産能力が不足気味であり、人も資本も余っていないため、公的部門が活動を拡大すれば、それは直ちに民間で取引されるモノの生産を犠牲にすることにつながる（クラウディング・アウト効果）。したがって、政府事業は民間で取引されるモノより価値のあるものに限定すべきだ、という考え方が成り立つ。

他方、消費が低迷して生産能力が余っている成熟経済では、民間の生産活動を犠牲にしなくても、余剰生産能力を使って社会インフラや公共サービスを提供することができる。そのため、たとえ景気刺激効果がなくても、少しでも役に立つなら、公的事業をやる意味がある。その上、すでに見てきたように、景気を刺激するためにも、単なるばらまき政策ではなく、政府が直接、モノを購入し、失業率やデフレ・ギャップを縮小してデフレ圧力を減らし、消費を刺激することが望ましい。

したがって、成熟経済の長期不況下での財政支出にとって重要なのは、金額的な規模ではない。国民の安心安全を確保し、生活の質の向上に役立つ社会インフラや公共サービスを提供するという財政支出本来の目的とともに、民業を圧迫することなく、どれだけの規模の新規雇用や新規需要を創出したか、という点こそが重要である。

景気を刺激する財政支出

財政支出の諸項目のうち、どのようなものが民業を圧迫することなく、新規に雇用や需要を創出するのかを、基本方程式を使って考えてみよう。

図3・9は、図3・1に示した成熟経済の基本方程式に、総需要yの中身（消費c＋政府

需要g＋投資i_0）を明示的に記入したものである。以下で説明するように、上の式は政府需要gが民間で取引される製品の代替物にはならない場合、下の式は完全な代替物の場合である。それぞれの式の左辺は貯蓄の便益を、右辺は消費の便益（＝貯蓄の費用）を示し、人々はこの2つが等しくなるように消費を決め、その消費水準に企業投資と政府需要を加えた総需要が、経済全体の総生産と所得を決める。そのため、景気を刺激する政策とは、左辺の貯蓄の便益を減らすか、右辺の消費の便益を増やすかして、消費意欲を刺激し、人々の消費を増やす政策である。

成熟経済の基本方程式を見てすぐに確認できるのは、政府が直接お金を配る給付金などの移転支出や金融緩和が、変数として入っていないことである。そのため、これらは総需要にも景気にも何の影響も及ぼさない。これに対して、実需を生む政府需要g（公共サービスや公共事業）は新規需要を作ってデフレを緩和するから、右辺の消費の便益を引き上げて、人々の消費拡大を促す。さらに、その政府需要が民間企業の作るモノの代替品ではなく、民間生産物の需要と無関係なら（図3・9の上の式）、基本方程式にこれ以外の影響を与えない。その結果、消費の便益を示す右辺が貯蓄の便益を示す左辺を上回って、消費が刺

政府需要gが民間生産物と無関係：

$$\bar{\delta}(c)=\rho+\alpha\left(\frac{(c+g)+i_0}{y^f}-1\right)$$

政府需要gが民間生産物と代替的：

$$\bar{\delta}(c+g)=\rho+\alpha\left(\frac{(c+g)+i_0}{y^f}-1\right)$$

図3・9　政府需要の中身と基本方程式

激される。このとき消費者にとっては、公共サービスが増えるだけでなく、景気も好転して所得も増えるという、二重の便益がある。

民間生産物の代替品でないものとは、どのようなものが考えられるか。たとえば、社会インフラ、医療、介護、環境、観光、芸術などである。これらのいくつかは、いわゆる贅沢《ぜいたく》品、不要不急品と言われ、不況が深刻化するほど無駄の排除と称して、特にこれらへの支出が削減される傾向がある。しかし、これらは生活必需品とは無関係であるからこそ、総需要を増やしてデフレを緩和し、景気を刺激することができる。

これに対して、もし政府の提供するものが、民間生産物の完全な代替品、たとえば米やパンの配給などであればどうか。消費者は、その分の米やパンを店から買わなくなり、米やパンの総消費は変えずに、浮いた私的支出分を貯蓄するだけである。これでは、お金を配るばらまき政策と同じであり、人々の消費にも経済活動にも何の影響も与えない。その上、民間の米穀店やパン屋での販売が政府の配給に置き換わっているから、民業圧迫になっている。

この性質は図3・9の下の式から導かれる。基本方程式の右辺のデフレ緩和効果は、民間生産物の代替品でない場合と同様に存在するが、同時に、左辺に示される資産プレミアム(=消費と比較した資産保有への相対的選好)は、消費が政府の提供する量gだけ増えた状態になる。そのため、資産プレミアムの値は$\bar{\delta}(c)$ではなく$\bar{\delta}(c+g)$によって表され、基本方程式の右辺と左辺をバランスさせる合計消費量 $c+g$ は配給前の消費水準のままであり、g の値に影響されない。このことは、配給分 g だけ民間生産物の購入 c が減って、民業圧迫になることを意味している。

3　経済活動を決めるもの

需給不均衡の経済学

生産能力が低く貧しい成長経済では、生産能力と総需要のギャップがもたらす物価の調整によって、実質金融資産が変動し、それに応じて総需要が変化して、生産能力に一致するようになる。そのため、「生産能力が総需要を決める」供給の経済学が成り立ち、生産能力の拡大こそが経済成長を生み出す。

そこでは、総需要はカネ（実質金融資産）の動きに呼応して動くため、カネはモノの動きの正確なバロメーターであり、企業も家計も、カネを基準に生産活動や消費行動を決めればよかった。各企業は金儲けだけを考えて生産効率化を図れば、それが経済全体の生産能力向上につながり、経済は豊かになっていった。家計は消費を控えて倹約をすれば、資産がたまって将来の消費を増やすことができるし、総生産のうち消費されないモノは企業の設備投資に回って生産能力が拡大し、将来の消費増加にしっかり対応できるから、人々の生活水準は上がっていった。この状況が、企業も家計もカネを基準に行動していれば、生活がどんどん豊かになっていくという、いわゆる成長神話を生んだ。

しかし、このことは慢性的な総需要不足の心配がない成長経済でしか成り立たない。成熟経済では、巨大な生産能力をすべて使うには、それに見合った大きな消費が必要だが、資産選好を持つ人々はそこまで消費を増やすよりは資産を持っていたほうがいいと思うから、カネが膨張する一方で、総需要が不足したままの状態が続く。つまり、カネとモノが乖離してしまう。このとき、企業は自分が売りたいと思っている量を売ることができず、総需要の分までしか供給を実現できない。そのため、成長経済で成立する供給の経済学とは逆の因果関係が生まれ、「総需要が総生産を決める」需要の経済学が成り立つ。

このように、成長経済を取り扱う供給の経済学が、物価と賃金の調整によってそれぞれモノと労働の需給が一致している状態を考えているのに対し、成熟経済を取り扱う需要の経済学は、物価や賃金の調整ではモノと労働の需要をそれぞれの供給したい量まで引き上げることができない状態を考えている。したがって、供給の経済学が需給均衡の経済学であるのに対し、需要の経済学は需給不均衡の経済学である、とも言える。

需要の経済学と基本方程式

成熟経済において総需要が総生産を決める構造は、基本方程式からも読み取れる。図3・10は、図3・1に示した成長経済と成熟経済の基本方程式と物価変化率の式とともに、総需要yの中身$c+i_0+g$を並べて書いたものである。

基本方程式：

成長経済… $\gamma(m, c)+\delta(a, c)$ ┐
成熟経済… $\bar{\delta}(c)$ ┘ $=\rho+\pi$
↑
物価変化率 $\pi=\alpha\left(\dfrac{y-y^f}{y^f}\right)$

総需要 $y=c+i_0+g$

図3・10　成熟経済の構造

総需要が不足していれば（$y<y^f$）、第2式が示すように、物価が下がりつづける（$\pi<0$）。この物価変化率πを前提に、各家計は、基本方程式（第1式）の左辺の資産プレミアム$\bar{\delta}(c)$に示される貯蓄の便益と、右辺に示される消費の便益$\rho+\pi$とを比較し、両者が一致するように消費量cを決める。これが成長経済で起こるなら、貯蓄の便益は流動性プレミアムと資産プレミアムの合計$\gamma(m, c)+\delta(a, c)$によって表され、デフレによる貨幣と金融資産の実質量の拡大に応じて、どちらの値も低下するから、消費が相対的に有利になって総需要が増える。しかし、すでに大きな金融資産を保有している豊かな成熟経済では、流動性プレミアムは貨幣の実質量が増えてもゼロのままであり、資産プレミアム$\bar{\delta}(c)$は金融資産が増えても下がらないため、消費意

欲は刺激されない。そのため、総需要が慢性的に不足したままデフレ不況が続く。成熟経済では、このように、カネ（金融資産の実質量）がモノの需要（総需要）に影響しなくなるから、総需要が生産能力に届かないまま動かなくなる。その結果、総需要が実際の総生産を決め、所得を決めることになる。

合成の誤謬

成長経済では、生産能力y^fが実際の経済活動となるため、企業は効率化を図り、家計は貯蓄に励んで余った生産物を投資に回すことが経済成長につながる。ところが、総需要が総供給を決める成熟経済では、これらの行動は豊かさをもたらすどころか、逆に不況を悪化させる。

成熟経済では、すべての企業が利益を増やそうとして効率化を図れば、生産能力が上がり、人余りが拡大してデフレが悪化し、不況が深刻化する。また、家計がカネの倹約に走っても、それはカネを貯めることそのものが目的であり、将来消費を増やそうと思っているわけではない。そのため、消費が減るだけで投資は増えず、総需要yがますます減って生産能力とのギャップが広がり、デフレが悪化して、人々の消費意欲をますます削いでしまう。このことは、図3・10に示した成熟経済での基本方程式において、生産能力y^fの増加や総需要yの減少が、いずれもデフレ・ギャップ率（＝$(y-y^f)/y^f$ のマイナス値）を広げ、物価変化率πのマイナスの値を拡大させて右辺の消費の便益を引き下げ、消費を減らしてしまうことを意味する。

資産選好の下での慢性的な消費不足は、人々の資産選好が強いために、金融資産が増えてもさらに貯めようとするばかりで、消費の増大につながらないから発生する。しかし、いくら貯めようとしても、実際に高い貯蓄に結びつくわけではない。資産選好が強いと消費が減る。消費が減れば総需要が減り、所得が減る。そのため、貯蓄意欲が強くても、所得から貯蓄に回す余裕がなくなってしまうからある。

このとき、個々の人々は、自分が消費を控えるから経済全体で総需要が減り、それが経済活動を抑えて自分の所得を減らしている、とは思わない。実際、自分だけが消費を減らしても、経済全体の需要不足が目に見えて深刻化するはずがない。ところが、それと同じ行動をすべての人がすれば、経済全体で総需要が減って経済活動が停滞し、所得が減ってしまう。つまり個人は、自分のカネを貯めたいという行動が自分の所得に影響を与えるとは思ってもいないが、皆が同じことをすれば、それが生産活動を抑え、個々の人々の所得を減らしてしまうのである。

このように、成長経済では、企業や家計のカネを求めて豊かになろうとする行動は経済成長につながるが、成熟経済では、逆に不況を悪化させてしまう。個々では正しいと思われる行動が経済全体では悪い結果をもたらす、いわゆる「合成の誤謬《ごびゅう》」が起こっている。このとき、資産の蓄積は生産活動の拡大ではなく、もっぱらデフレやバブルによる実質金融資産の拡大によって実現され、人々の貯蓄願望を満たしていく。

カネに囚われた政策論争

1930年代の大恐慌に直面したJ・M・ケインズは、個々の経済的豊かさの追求と経済全体の豊かさとの食い違い(合成の誤謬)に着目し、「供給が需要を生む」(セイの法則)と考える供給の経済学を強く批判して、需要が生産能力とは乖離して決まり、それが実際の経済活動を決めるという視点から、需要の経済学の構築を目指した。ここで提唱すべきは、カネとモノの因果関係の逆転ではなく、前項で述べた総需要と総供給の因果関係の逆転であった。しかし、ケインズは明確な理論構造を提示しなかった。そのため、後世のJ・R・ヒックスやP・A・サミュエルソンらによって定式化された、旧消費関数を中心に据《す》えた旧ケインズ経済学(新古典派総合)では、以下に述べるように、総需要と総供給の因果関係の逆転を、カネとモノの因果関係の逆転と捉えてしまった。

供給の経済学では、モノが先でカネがそれと並行に動く。このときカネはモノの活動のバロメーターとなり、カネの動きを考えて企業や家計が行動すれば、経済全体の豊かさにつながった。市場の調整能力を高めることは、カネが正確なバロメーターとしての機能を果たすために重要であった。また、モノの生産能力が経済活動水準を決めるから、政府が給付金支給や減税などでカネを配っても、消費も生産も影響を受けない。その理由は、そのときの可処分所得（＝所得－税金＋給付金）が増えても将来の増税で取り返されることを人々は知っているし、たとえそれを知らずに消費を増やそうとしても、生産能力の限界によって供給不足が起こり、物価や賃金が上がって所得も金融資産も実質量が減り、消費はもとにもどってしまうからである。他方、政府需要が拡大すれば、生産能力をフル稼働させて作った生産物を政府が民間から奪ってしまうから、人々の消費が減ってしまう。そのため、小さな政府が推奨される。

これに対して旧ケインズ経済学では、カネとモノの因果関係を反対に捉え、カネが増えればモノの消費が増えるから、総需要が増えて経済活動が活性化すると考える。このとき、消費を決める所得とは、自分で実際に使える金額でなければならないから、可処分所得である。つまり、赤字財政によってカネをばらまくことでモノの需要創出が可能になる。

これが正しければ、政策当局にとっては、人々の役に立つ公共的な使い道を考えるという困難な仕事をせずに、カネをばらまくだけで簡単に需要を作れるし、資産選好が消費選好を凌駕している人々にとっても、モノよりもカネを受け取ったほうがうれしい。そのため、景気が後退すればバラマキ的な財政金融政策を行うという、カネの意味での大きな政府の考え方が広まった。

こうして、ケインズがせっかく需要の経済学の重要性に着目したのに、明確な理論構造を提示しなかったために、それを引き継いだ旧ケインズ経済学もMMT理論も、カネの論理に囚《とら》われ、カネをばらまけば需要が増えると思って、ばらまき政策を推奨している。

この流れを受け、日本でも1990年代初頭から始まる「失われた30年」の間、供給の経済学を基礎とする市場原理主義者や市場の欠陥に注目するニュー・ケインジアンと、バラマキ体質を持つ旧ケインジアンの間で、供給側の効率化やカネの無駄遣いの排除か、金額に注目した財政出動かという、カネに囚われた政策論争を続けた。その間、政府はこの両者の相《あい》容《い》れない主張をごちゃまぜに取り入れ、一方では歴史上まれに見る累積赤字をため込みながら、大規模な赤字財政によるカネのばらまきを続け、他方では成長戦略と称して生産効率化や労働市場の自由化・流動化による生産能力の拡大を推し進めた。その結果、デフレが続き、国民は金融資産をどんどん貯め込むことができたが、消費を増やすことはなかった。

しかし、需要の経済学への転換において重要なのは、カネとモノの因果関係の逆転ではなく、総生産と総需要の因果関係の逆転である。したがって政策論争では、「カネをまくかまかないか」ではなく、「モノへの政府需要を増やすか減らすか」を論点にすべきだったのである。

4　その他の景気刺激策

投資の促進と市場調整の効率化

本節では、同じ基本方程式を使って、財政金融政策以外のいろいろな経済政策の効果について考えてみよう。図3・11は、図3・10に示した基本方程式、物価変化率、総需要の中身を1つにまとめて、財政金融政策以外のさまざまな経済政策との関連を示したものである。

はじめに、投資促進政策について考えよう。成長経済では、物価の変動を通じた実質金融資産の調整によって、総需要 $c+i+g$ は生産能力 y^f に一致する。そのため、投資補助金などの投資促進政策は、短期的に投資 i を増やして消費 c に回るモノの量を減らしてしまう。しかし、投資によって将来の生産能力 y^f が拡大するため、将来の消費を増加させることができる。つまり、投資は今の消費を抑えて将来の消費を増やす行為である。

他方、成熟経済において投資促進政策を行えば、図3・11に示した基本方程式の右辺のカ

市場の整備　投資促進（短期効果）

$$\left.\begin{array}{ll}\text{成長経済}\cdots & \gamma(m,c)+\delta(a,c) \\ \text{成熟経済}\cdots & \bar{\delta}(c)\end{array}\right] = \rho + \alpha\left(\frac{c+i+g}{y^f}-1\right)$$

新製品開発　効率化・投資促進（長期効果）

図3・11　経済政策と基本方程式

ッコ内にある投資iを刺激し、これが総需要を増やしてデフレを緩和するから、右辺の消費の便益を上昇させて消費を刺激する。しかし、これが起こるのは、投資によって拡大した生産設備が稼働するまでの短期間である。生産設備が整備された後は、生産能力y^fが拡大し、同時に新規投資がなくなって総需要が下がる。そのため、長期的には、総需要と生産能力との違いであるデフレ・ギャップが以前より広がり、デフレが悪化して右辺の消費の便益を下げ、消費を不利に、貯蓄を有利にして、投資促進政策を行う以前よりも、消費を減らしてしまう。

次に、雇用の流動化やモノの取引の円滑化の効果について考えよう。これらは賃金や物価の調整速度を高めるため、基本方程式においては調整速度αの上昇として表現される。このとき、物価調整による実質金融資産の変動を通して総需要が生産能力に達する成長経済では、市場調整の改善は、総需要をすばやく生産能力の水準に合わせる働きがあるため望ましい。しかし、成熟経済では、資産選好によって実質金融資産が増えても消費の増大につながらず、総需要不足がいつまでも残る。そのため、図3・11に示した基本方程式の右辺のカッコ内で示

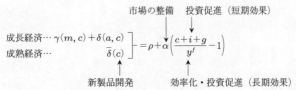

される超過需要率がマイナスのままであり、市場調整が迅速化（αが上昇）すれば、物価や賃金の下落速度が上がってデフレを悪化させる。そのため、右辺で与えられる消費の便益が低下して、左辺の貯蓄の便益を下回り、消費が抑えられてしまう。

このように、成長経済では経済を活性化させる投資促進政策や市場調整の改善は、成熟経済では、デフレを悪化させて消費を抑え、景気を悪化させてしまうのである。

労働生産性と失業率

自社製品が思うように売れないと、企業経営者は生産効率化や作業の省力化を図ってコストを下げ、利益を確保しようとする。新製品の開発は容易ではないが、効率化は努力をすればできないことはない。同じ仕事が以前より少ない人数でできるようになれば、労働生産性も上がって賃金も上昇するし、企業の競争力も改善して利益も上がる。しかし、このような好循環が企業内だけにとどまらず、経済全体に広がるためには、省力化によって当該企業で余った労働力が他の産業や企業で吸収され、新たな仕事に従事できていなければならない。また、それが可能なのは、総需要不足がなく、作ったモノがすべて売れるような成長経済の場合である。

総需要不足が慢性的に続く成熟経済であっても、個々の労働生産性の上昇は、目先では、その人の所得増大を生む。企業でも、従業員の生産性が上がれば、価格競争に勝ってシェアを伸ばし、利益を拡大することができる。そのため、各企業は生産性上昇への努力を怠《おこた》らない。しかし、成熟経済では総需要は限られているため、すべての企業が同じように効率化・省力化を図れば、各企業の相対的な競争力は変わらず、個々の企業のシェアも販売量も伸びることはない。その結果、経済全体で効率化した分だけ労働力が余って失業が増え、デフレが悪化して消費が減り、最終的にすべての企業の売り上げも減って、景気は悪化する。

消費が伸びず総需要不足が続いている限り、生産を伸ばしても売ることができないため、労働生産性を引き上げれば人が余って失業率は上がり、雇用を維持して失業率を低く抑えようとすれば労働生産性を低下させるしかない。このことを知るためには、日本とフランスの経済比較が参考になる。

表3・1が示すように、2017年の日仏両国の1人当たり家計消費はほとんど同じ水準であるのに対し、労働生産性はフランスのほうが圧倒的に高い。その代わり、完全失業率は日本のほうがはるかに低い。すなわち日本では、生産性の低い生産活動によって、一定の消費需要を多くの人々で賄っているのに対し、フランスでは、生産性の高い人が少ない人数で仕事を占有している。どちらを選んでも、国民1人当たりの消費は同じであるため、平均的な生活水準に変わりはない。また、総需要が経済活動を決めているため、国民1人当たりの

GDPも同じである。つまり、フランスのように高生産性を選んでも、日本のように低失業率を選んでも、本来の目的である実体経済の活動水準から見れば、差はないのである。

　経済全体の労働生産性が低い理由として、公共部門の肥大化が挙げられることも多い。小泉純一郎政権下で行われた構造改革では、日本経済が回復しないのは公共部門が大きすぎるからであると言われ、公務員数の大幅削減を行って、世界的に見ても非常に小さな政府を実現した（図1・1に示した公務員数の比較）。実際、日本とフランスの政府支出や政府歳入を比較しても、労働生産性の高いフランスは、日本よりもはるかに大きな公共部門を持っている。すなわち、日本とフランスの労働生産性格差は、公共部門の大きさの違いでは説明できないのである。

	日　本	フランス
GDP／人（千ドル）	38.2	38.4
家計消費／人（千ドル）	21.2	21.5
労働生産性（千ドル）	76.0	94.8
完全失業率（%）	2.8	9.4
政府支出／GDP（%）	37.4	56.5
政府歳入／GDP（%）	34.3	53.8

表3・1　経済指標の日仏比較（2017年）
出典：国連（第1・2列），ILO（第3・4列），IMF（第5・6列）.

　以上の議論は、国内経済だけを考えたものであり、国際化した経済では、日本企業が効率化すれば、外国企業との競争に勝って生産を増やすことができるから、日本経済が豊かになるように思える。しかし、実は、国際化した経済であってもそうはならず、労働生産性の向上は日本の景気を悪化させてしまう。その理由は、第5章において明らかにする。

労働市場の効率化と総需要不足

労働市場の効率化には、賃金調整の迅速化に加えて、求人と求職の両者の希望や適性を効率よくマッチさせることも重要である。第2章第2節で紹介したサーチ・マッチング・モデルは、このことに注目した理論である。この理論が示すように、派遣業の自由化やハローワークの充実などにより、求人活動の費用が下がったり、求人情報が充実したりすれば、企業は求人活動を積極的に行うようになるから、失業率は下がる。

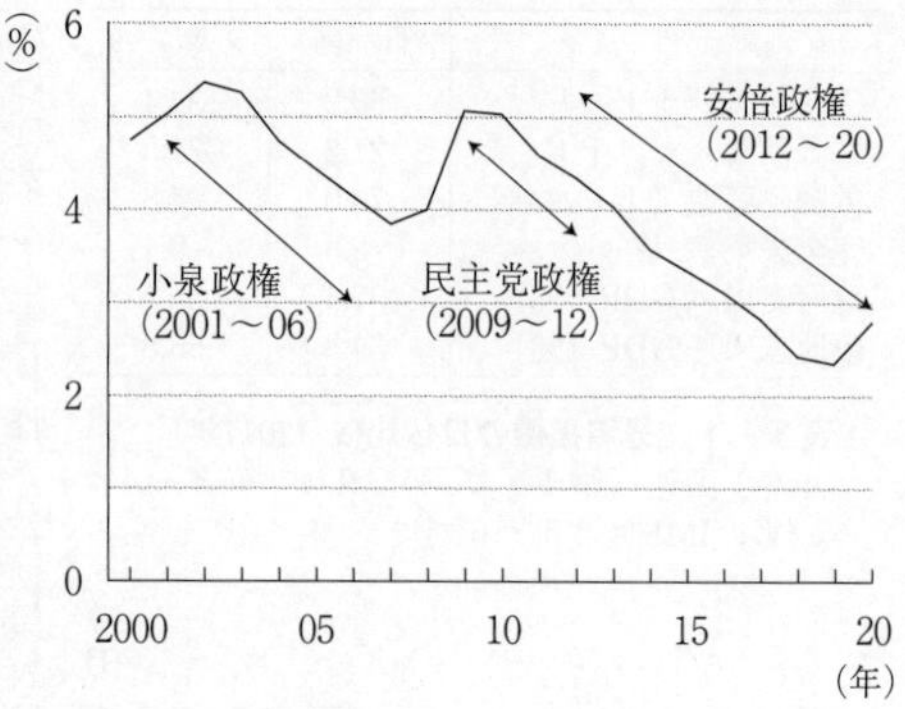

図3・12　完全失業率
出典：総務省労働力調査.

これに関連して、小泉純一郎政権は、製造業や医療業務を含む派遣労働の全面自由化や派遣期間の制限撤廃を行い、安倍晋三政権は、「働き方改革」と称して、長時間労働の抑制、高齢者や女性の労働参加促進などを行った。これらは雇用を拡大させる効果を持ち、図3・12を見ればわかるように、実際にも失業率は下がっている。しかし、そうだからといって、以下に述べるように、それが総生産の拡大に結びつ

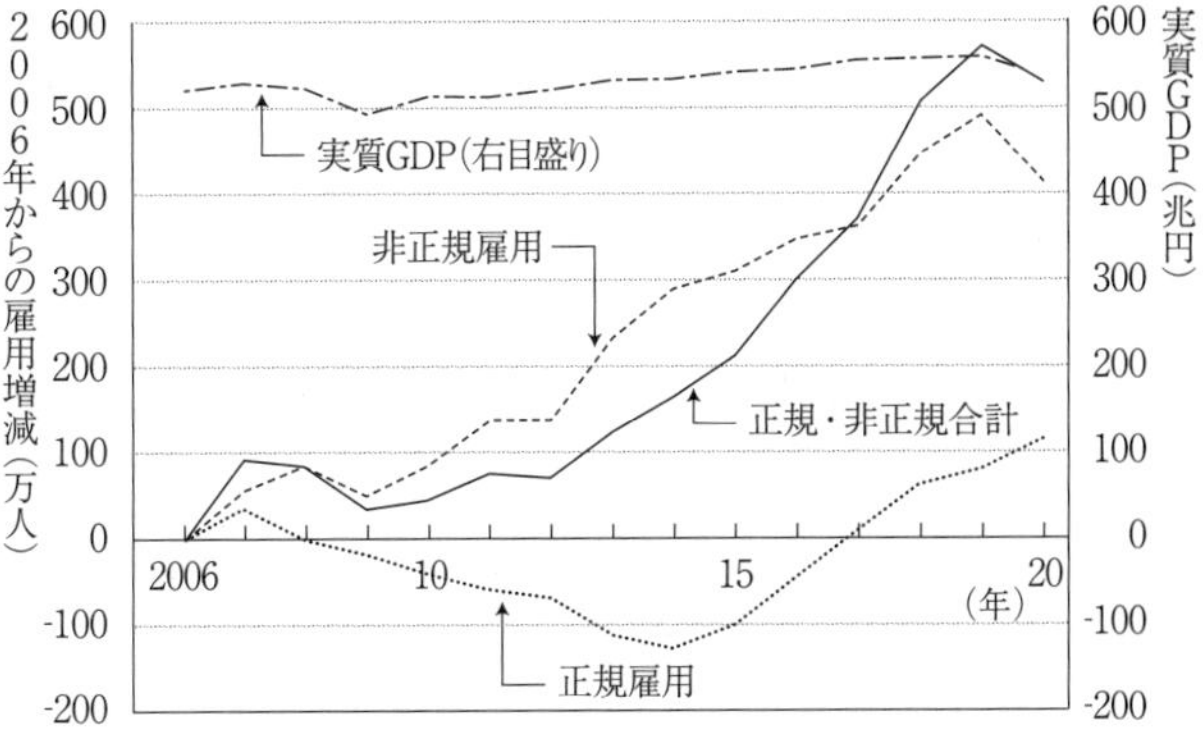

図３・13　正規・非正規雇用増減（2006年～）
出典：総務省労働力調査，内閣府国民経済計算.

くわけではない。

成長経済であれば、作られたモノはすべて売ることができるから、雇用の増加はそのまま生産の増大に結びつく。ところが、成熟経済では、消費も総需要も伸びていかない。そのような状況で無理に雇用を増やせば、生産能力が上がってモノ余りが広がり、デフレが進んで消費を減らし、さらに総需要を減らしてしまう。そのため、雇われた人々は時短になるか、非効率な働き方をするしかない。また、長時間労働を規制すれば、１人当たりの労働時間が減るから、総生産は変わらなくても統計上の雇用数は増える。

以上が、アベノミクスによって実現した低失業率、高求人倍率、低労働生産性の理由である。これらは実際の雇用の動きからも確かめられる。図３・13は２００６年からの正規・非正規別雇用の増減を示している。この図からわかるように、アベノミクスが始まった2013年から、雇用は確実に伸びているが、国内総生産（GDP）はほとんど動いていない。また、雇用増加の主体は非正規労働である。

結局、労働市場だけを改革し、効率化して雇用数を増やしても、総需要が伸びない以上、総生産は増えていかない。安倍政権もそれを引き継いだ菅義偉政権も、労働生産性の向上を謳《うた》ったが、総需要が伸びなければ、働く人を減らさない限り、労働生産性が上がるはずもないのである。

新製品開発とカネの魅力

景気回復のために、企業のイノベーションはどのような効果を持つか。イノベーションには大きく2つの種類がある。プロセス・イノベーション（効率化イノベーション）とプロダクト・イノベーション（新製品の開発）である。この2つは、景気刺激効果が大きく異なる。

プロセス・イノベーションでは投資をして生産能力を引き上げるため、一般的な設備投資の景気効果と同じであり、短期的には、研究開発投資に伴う労働やモノへの需要が増加してデフレ・ギャップが縮小し、消費を刺激する。しかし、開発が終われば生産能力y^fが拡大して、総需要が同じであってもデフレ・ギャップは広がるから、長期的には、消費が減って景気は悪化してしまう。

これに対して、魅力的な新製品を開発すれば、新たな消費意欲を刺激して、消費を増やす効果があるように思える。しかし、状況はそう単純ではない。その理由は、消費の魅力が高まることによって、それに対する購買力であるカネの魅力も増えるからである。たとえば、既製品を2つ消費するのと同じ満足を1つ消費するだけで得られる「1粒で2度おいしい」新製品が開発されれば、人々はこれまでの半分の消費で以前と同じ満足が得られる。そのため、消費は減ってしまう。

この性質も基本方程式から導き出される。今、仮想的な例として、従来のすべての製品の消費に関して、2倍の消費を行ったのと同じ満足度を生み出すような技術革新が起こったとしよう。そうなると、同じ金額を払って実現できる消費が従来の2倍になったのと同じである。これは物価水準が半分になったのと同じであるため、金融資産保有も従来の2倍になったことになる。さらに、消費が増えればさらに消費したいという意欲は下がってくるが、金融資産が増えてもさらに蓄積したいという意欲はなかなか下がらない。そのため、消費と比べた資産保有への相対的意欲（＝資産プレミアム）が上昇し、消費は減ってしまう。すなわち、このような技術革新は、経済全体のすべての製品の生産能力が2倍になることと同じ効果を持つ。

現実の新製品開発は特定の分野で起こる。そのとき、その製品の売り上げは伸びるために、一見、景気を押し上げているように思える。このことは消費水準がそれほど高くなく、総需要不足が起こっていない成長経済なら正しい。従来の生産能力はすべて稼働している上に、より価値の高い新製品が入ってくるので、以前より消費生活は豊かになるからである。ところが、すでに資産も消費も十分に大きく、資産選好が消費選好に勝って総需要不足を起こしているような成熟経済では、特定の新製品への消費意欲は高まるが、その分だけカネの魅力も高まって資産プレミアムを押し上げるため、消費全般への購買意欲は下がってしまう。そのため、好調な新製品販売の陰《かげ》で既存の製品が売れなくなり、景気全般はよくならない。

創造的破壊と景気循環

人々に、カネよりも消費に魅力を感じさせるような新製品の開発はないのだろうか。1960〜70年代の家電製品の普及や、2000年代のIT革命におけるインターネットやスマートフォンの普及のように、新たな技術革新が従来の生活様式を様変わりさせるようなものであれば、既存の物やサービスが陳腐化し、新たな製品に関連した社会インフラも不足して、人々の生活は、モノが足りない成長経済のような状態に陥る。そのため、資産選好に比べて消費選好が相対的に高まり、消費が伸びて新製品に向けた設備投資も加わって、総需要を拡大させる。

このとき、革新の程度が大きく、新製品の登場によって生活様式が大幅に変化し、総需要不足が解消されて供給不足が起こるほどであれば、経済を成長段階に引きもどすことになり、生産能力の拡充がそのまま経済成長につながる。さらに、その規模が大きければ大きいほど当初のモノ不足も大規模になり、経済が成長段階にとどまる期間が長引いて、好況と高度経済成長が続く。しかし、それらの生産能力が整い、新製品が人々に十分に普及すれば、結局は成熟段階に入って、経済は再び長期の総需要不足による不況に悩むことになる。

このように、成熟経済では、経済成長への起爆剤として、イノベーションに期待しても、人々の消費意欲が乏しい成熟経済では、簡単に利益を見込むことはできず、企業にとってはどんなイノベーションであってもそれに乗り出すこと自体が難しい。また、単なる生産工程の効率化や既存製品の改良では、それを1社だけが実現すれば、その企業は業績を伸ばすことができるが、経済全体ではかえって不況を悪化させる恐れすらある。経済全体を新たな経済成長に導くためには、消費分野の「創造的破壊」、すなわち、まったく新しい消費スタイルを創造して既存の製品を陳腐化させるようなプロダクト・イノベーションが必要になるが、それはさらに困難である。

環境政策

新たな経済成長を作り出すには、民間企業による既存製品を陳腐化させるような画期的な新製品開発ではなくても、民間では取引されない分野で、新たに大きな需要を創出すればよい。その有力な候補として、世界的に関心が高まっている環境対策がある。

2015年にパリで開催された第21回国際連合気候変動枠組条約締約国会議（COP21）では、気候変動抑制に関する多国間の国際的な協定（パリ協定）が採択された。そこでは、温室効果ガスCO_2の排出量を今世紀後半に実質ゼロにすることが目標に掲げられ、実際に、世界の122の国と地域が2050年までの実質ゼロを目指している。このなかには日本も入っており、2020年10月に行われた菅首相（当時）の所信表明演説では、2050年までに温室効果ガスの排出を全体としてゼロにする、と宣言した。

環境問題へのこうした対応に関する一般的な見解は、生産側に環境対策という余計な費用を強いるため経済成長の足かせになるが、地球温暖化は深刻な問題であり、対応の遅れは将来地球規模の危機を生み出すことになるので、仕方なく実行する、というものである。このような見解は、生産能力がフル稼働している成長経済にとっては正しい。成長経済では、環境対策に労働力を回せば、モノの生産に投入する労働力や資本を減らすしかないため、モノの生産が減り、消費できる量が減ってしまう。また、廃棄物処理による直接的な環境の改善だけでなく、処理に人手や資本を取られることによるモノの生産減少によって、廃棄物の排出自体が減るという間接効果も生まれる。そのため、一般的に考えられている経済活動と環境とのトレード・オフが起こり、両者の重要度のバランスを考慮する必要が出てくる。このとき、処理技術が効率的であるほど、モノの生産が阻害される程度が低くなるため、望ましい。

ところが、慢性的な総需要不足に陥っている成熟経済にとっては、環境規制の強化とは、よりよい環境という便益を生み出す政府需要の拡大と捉えることができる。環境の改善は民間で生産される製品の代替品ではなく、生産性を引き上げるものでもなく、純粋に生活の質を引き上げるものである。すなわち、長期不況に陥った成熟経済で行うべき公的サービスの要件をすべて備えている。

廃棄物処理という政府需要が拡大すれば、直接的には廃棄物の排出が減り、それと同時に雇用が創出されるから、デフレ・ギャップが縮小し、デフレによる資産保有の有利さが減って消費が刺激される。政府が直接処理事業を行う代わりに、環境規制を強めて企業に環境対策をさせても、効果は同じである。企業はモノの生産に伴って廃棄物処理のための労働投入が必要になり、生産効率が低下したのと同じ効果を持つため、雇用が増え、デフレが緩和されて、消費が増える。このように、成長経済で考えられていたような環境と経済のトレード・オフは起こらず、それどころか消費を拡大させる効果を持つ。

ただし、この政策は消費刺激効果を持つため、生産を拡大して廃棄物の排出を増やす効果もある。特に処理技術が非効率であれば廃棄物削減効果は小さく、その上、廃棄物処理に多くの労働を投入しなければならなくなってデフレ・ギャップが大きく改善され、消費刺激効果は大きくなってモノの生産が拡大し、廃棄物の放出も増えてしまう。その結果、かえって排出量を増やす結果となってしまう可能性すらある。

それでも、生産能力が余っている以上、それを活用せずに放置することがもっとも無駄である。たとえば、不況下で余っていた生産能力をすべて廃棄物処理に活用すれば、モノの生産量をもとの水準に保ったまま環境をよくすることもできる。したがって、余った生産能力をすべて活用することを前提に、環境と経済のバランスを考えればよい。

さらに、必ずしも余った生産能力をすべて環境に回すのがいい、というわけでもない。民間に任せても資産選好によって総需要が不足し、生産能力をすべて活用することができない以上、政府がさまざまな公的サービスのなかからどれがいいかを考える必要があり、環境はその有力候補の1つである。豊かな成熟経済における政府の仕事とは、環境対策も含めて公的サービスや公的事業の多くの選択肢を吟味し、必要度に応じて着実に進めていくことである。おカネをばらまき、どう使うかは民間に任せるというだけでは、財政危機を深刻化させるだけで、何の便益も経済刺激効果も生まない。

5　経済ショックと危機対応

2つの経済ショック

日本経済の動きを振り返ると、経済活動に大きな影響を与える経済ショックがたびたび発生している。1990年代初頭のバブル経済崩壊、1995年の阪神・淡路大震災、2008年のリーマン・ショック、2011年の東日本大震災、2020年から続く新型コロナウイルス感染症のパンデミックなどである。これらの経済ショックは、大きく供給ショックと需要ショックの2つに分けられる。

供給ショックとは、一時的に生産能力を減少させるショックであり、地震、火山噴火、台風、洪水などの自然災害によって、道路や港湾などの公共インフラや民間企業の生産設備が破壊されたり、農作物に大きな被害が出たりする。これに対して需要ショックとは、公共インフラや生産設備、農作物などへの被害はないが、人々の消費意欲が突然減退するショックであり、バブル経済崩壊、リーマン・ショック、コロナ・ショックなどがある。これら2種類のショックによる経済への影響は、互いに大きく異なるとともに、それが成長経済で起こったか成熟経済で起こったかによっても、大きく異なってくる。その理由は、成長経済では生産能力が生産水準を決めているが、成熟経済では総需要が生産水準を決めているからである。

なお、経済ショックを供給ショックと需要ショックに分けたが、現実には、需給の両方に影響を与えることも多い。東日本大震災でも多くの生産インフラが破壊されたが、同時に、人々の余暇活動の自粛《じしゅく》なども起こっている。しかし、重要なのは1つのショックのどちらの側面が経済に大きな影響を与えるかである。生産能力が生産活動を決める成長経済なら供給ショックの側面が、総需要が生産活動を決める成熟経済なら需要ショックの側面が、経済に重大な影響を与える。

供給ショック

生産能力がフル稼働している成長経済においては、地震や洪水などの供給ショックによって、ただでさえ不足している生産能力がさらに下がると、モノ不足や人手不足が激化する。さらに、公共インフラが破壊されれば政府は公共事業が、生産設備が破壊されれば企業は復旧のための投資が必要になり、これらの復興需要でモノ不足や人手不足はさらに深刻化する。

その結果、物価が上昇して実質金融資産を押し下げ、消費は抑えられてしまう。こうした経済への圧迫は、公共インフラや生産設備が復旧するまで続く。

他方、総需要が不足し生産能力が余っている成熟経済では、供給ショックが起こっても深刻な事態にはならない。一部地域ではモノ不足や人手不足が発生して、一時的かつ部分的に成長経済のような状況が生まれるかもしれないが、経済全体では生産余力があるため、モノ不足や人手不足はすぐに解消される。また、経済全体では、生産能力の低下はデフレを緩和して、人々の消費意欲を刺激する。加えて、公共インフラや生産設備などの復興需要も発生するから、デフレ・ギャップはさらに縮小して、景気が拡大する。しかし、復興が進むにつれて生産能力は回復するし、復興需要もなくなってくるため、再びデフレ・ギャップが広がって、デフレも消費ももとの水準にもどり、もとの長期総需要不足に陥る。すなわち、本章第4節で議論した消費分野での創造的破壊と同様の状況が、供給ショックによって生まれる。

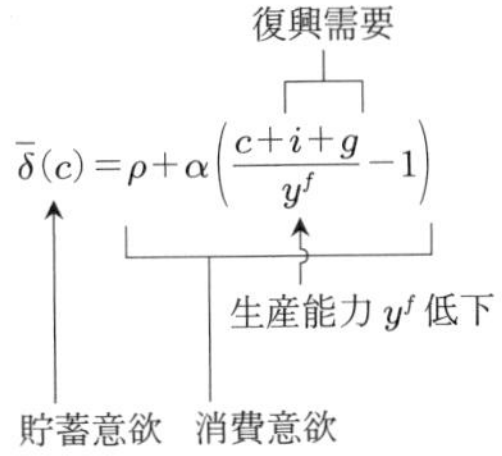

図3・14　成熟経済の経済ショック

図3・14は、図3・11に示した成熟経済での基本方程式を再掲し、供給ショックによる生産能力の低下と復興需要の増大が、基本方程式のどこに作用するのかを示している。生産能力y^fの低下と復興需要$i+g$の発生は、いずれも右辺の消費意欲を引

き上げるから、消費意欲が左辺の貯蓄意欲を上回って消費が伸びる。これらの効果が総需要を押し上げデフレ・ギャップを緩和して、さらに消費を刺激することになる。しかし、これらの効果が続くのは、生産能力がもとの水準にもどるまでであり、それ以降は復興需要もなくなって、以前と同じ消費水準の慢性的総需要不足にもどってしまう。

需要ショック

次に、需要ショックについて、それが成長経済で起こった場合と成熟経済で起こった場合における、効果の違いを考えてみよう。需要ショックには2つの種類があり、株価や地価のバブル崩壊に見られるように、金融資産への人々の信用が何らかのきっかけで失われる内生的なショックと、コロナ・ショックにおける外出自粛や規制などのように、人々が実際には消費をしたいのに、できなくなる外生的なショックとがある。

バブル崩壊やリーマン・ショックなどは内生的需要ショックであり、資産への人々の信頼が揺らいで、株価や地価などの資産価格のうち、収益性という実体経済の価値の部分ではなく、資産選好を背景にした部分が消滅することで起こる。その結果、資産価格が暴落し、資産価値が大幅に失われるために、人々は貨幣などの安全資産を貯めようとして財布のひもを締め、消費が控えられて総需要が減少する。

成長経済では潜在的な消費意欲が強いので、内生的需要ショックが起こっても、物価が下がって金融資産の実質量が回復すれば、総需要がすぐにもどり、経済はもとの水準を回復する。したがって、成長経済にとっては需要ショックよりも供給ショックのほうが、はるかに深刻である。

他方、慢性的な総需要不足に陥っている成熟経済では、資産価格が資産選好を背景に、実体経済の活動水準とは乖離して上昇を続け、それが極端に膨張すると資産への信用が失われてバブル崩壊が起こる。このような経済ショックは、米国では30〜40年の期間を経て繰り返されてきた。日本では、太平洋戦争によって生産設備が徹底的に破壊され、成熟経済になるまで時間がかかったために、1980年代まで観察されなかったが、90年代初頭になって、バブル崩壊による典型的な内生的需要ショックが起こっている。

資産バブルを引き起こす原因と長期需要不足を引き起こす原因が、同じ資産選好にあるため、総需要不足による物価の下落によって金融資産の実質価値が膨れていっても、総需要の回復はほとんど見込めない。実際、90年代のバブル崩壊で半分から3分の1以下にまで下がった株価が、2020年代になってバブル期のように3万円台を回復しても、消費も国内生産もほとんど増えていない。

新型コロナウイルス感染症と景気対策

人々の金融資産への信用喪失によって発生する内生的需要ショックに対し、外生的需要ショックとは、人々に消費意欲はあるのに、強制的に消費を制限されることによって、総需要が下がってしまうショックである。成長経済か成熟経済かを問わず、感染症のような外生的需要ショックが起こると、下がった需要分だけ人手や生産設備が余ってくる。そのため、余った分をショックの解消のために回すことこそが、最適な政策対応である。

外生的需要ショックの具体的な例として、コロナ・ショックを取り上げてみよう。コロナ・ショックとは、新型コロナウイルス感染症の広がりを抑えるために、人々の外出が制限され、本来消費したいと思う分まで消費ができないために、総需要が低迷して経済活動が停滞する、というものである。ここで重要なのは、消費減少の原因がモノの魅力が低下したわけでも、モノを買うためのカネがなくなったわけでもない、ということである。そのため、消費の回復にはカネを配っても消費の魅力を強調しても効果はなく、新型コロナウイルスの感染への不安軽減と、それに伴う外出制限の緩和しか、方法はない。

さらに、外出制限による需要の抑制は感染拡大を抑えるためであり、外出制限が緩和されれば感染は拡大する。外出制限は、そもそも経済か感染抑制かという選択において、最適なバランスを実現するために設定されているはずである。したがって、新たに消費を刺激する政策を行うとすれば、それまでのバランスが間違っていたか、感染症への対応が進んで最適なバランスが変化した場合しかない。また、バランスを変えるにしても、そもそも人々は消費をしたいのに無理に制限されているわけであるから、制限を緩和すれば消費は自然に拡大する。被害を受けた産業やその関連産業の従事者を除けば、ほとんどの人々は金銭的に困ってはいないため、当事者以外の人々にも一律にお金を配る必要はまったくない。

そのことを示すために、ベンチマークとして、仮に新型コロナウイルス感染症の流行によって、すべての製品の消費が一様に１割だけ下がったとしてみよう。このときには、すべてのモノが１割だけ売れなくなるから国民全員の所得も１割だけ下がるが、自粛によって支出も同額減っているから、差し引きで手元に残るカネは以前と変わらない。そのため、人々にカネを配る必要などまったくない。さらに、感染が終息し外出制限が解除されれば、カネを配らなくても需要は自然にもどるから、所得ももどって経済は回復する。

しかし、現実には、需要減が外食、観光、芸術文化、スポーツなどのいわゆる不要不急と言われる業種に集中し、その従事者の所得だけが減って、生活の危機に直面する。これらの業種は、短期的には不要不急であっても、長期的には不可欠であり、だからこそ平時には多くの需要があった。それらが感染症の影響で集中的に売り上げ減少に直面し、廃業に追い込まれてしまえば、感染症の終息後に復活させることが困難になる。したがって、もし感染症が比較的短期間で終息するなら、その間、これらの産業の生産能力を維持することこそが重要であり、それができれば終息後には経済はすぐ回復できる。つまり、カネを配る目的は、景気の調整ではなく分配に限るべきである。

一律ばらまきより所得補償

では、どのような分配がよいか。まず、被害を受けていない産業については、供給も需要も減っていない。さらに、コロナ・ショックによって売り上げが伸び、収益が高まった産業も多く存在する。そのため、それらの産業従事者の収入が減ることはなく、それどころか外出制限で飲み会や旅行、映画や美術展、コンサートなどへの支出が減った分、カネが貯まって豊かになっている。したがって、経済的な被害を受けていない人々が平時と同じカネの流れを作るようにすれば、被害産業はこれまでと同様の所得を得て、存続することができる。

具体的には、平時に飲み会や旅行などに使っていた分を、被害産業の従事者や雇い止めを受けたり就職ができなかったりした人たちに、所得補償として回す仕組みを作ればよい。

2020年のGDPは538・6兆円であり、2019年の561・3兆円から約4%、22・7兆円も低下している。これは、この年人々が23兆円使わなかったからだ。したがって、政府が、被害を受けず支出が減ってカネが貯まった人々から、追加的に23兆円を徴収し、被害産業の所得補償に回せば、カネの回りは平時と同じだったはずである。また、補償を受けた人も不要不急品への支出を減らしているから、補償を4％程度低くして、その分を最前線で感染症と戦っている医療関係の従事者への支援に使うべきである。この額は約９０００億円になる。

ところが政府は、20年4月に、外出制限はそのままで、全国民に1人当たり10万円、総額12兆円にも上る巨額のばらまき政策を行った。これでは、被害を受けた人々には到底足りず、被害を受けなかった人々は貯蓄に回すだけで、まったく無意味だ。外出制限とともに医療や感染防止対策に資金を投入し、損害を受けた人々や事業に集中して補償することこそが大切である。それにより支出と所得の減少が、すべての人々に均等化される。また、被害産業は安心して休業できるから、感染の終息を早めるとともに円滑な経済回復も可能になる。感染が収まり外出制限が解かれれば、人々は本来やりたかった消費を再開するだけであり、被害を受けた産業を維持していれば、経済はすぐに回復できるから、そのときにもわざわざカネを配る必要はない。

また、政府はＧｏＴｏキャンペーンと銘打ち、被害産業に対する分配政策として、消費者向けに観光や外食の大幅割引を行った。しかし、感染症への不安はなくならず営業時間の制限も続けていたため、観光や外食への需要が本格的に回復するはずがない。つまり、キャンペーンの効果とは、もともとコロナ禍《か》を押して、無理にでも行こうとした人たちが安上がりに済んだ、というだけである。さらに、もし観光や外食への人出を増やすことに成功すれば、感染拡大の危険を増大させることにつながってしまう。

結局、GoToキャンペーンとは、被害を受けずに貯金が増えて、自粛勧告があってもなお遊びに行こうという人に、さらにお金を渡すという不公平な政策であるだけでなく、経済刺激効果も薄い上に、かえって感染を拡大させるものである。カネなど一銭も配らなくても、外出制限や営業時間の解除を行えば、これまで皆が我慢して行かなかっただけであるから、観光地やレストランはすぐに満杯になる。つまり、もっとも重要な景気刺激策は、有効なコロナウイルス感染症対策を行った上での外出制限の緩和であり、そのときカネを配る必要はない。カネを配るなら、観光客にではなく、直接、外食産業や観光産業の従事者に渡すべきである。

パンデミックが作る新しい消費

前項の議論は、新型コロナウイルス感染症が短期間で終わることを想定したものであり、その場合には、所得補償による産業構造の維持が望ましい。しかし、これが長期に続くならば、必然的に需要構造の変化が起こる。実際、消毒液やマスク、手袋などの需要が増えるとともに、巣ごもり需要の増加でネット通販や宅配業、ゲーム機や動画配信、テレワークの広がりでデジタル通信関連産業などが拡大し、利益を増やしている。つまり、悪くなった産業もあるが儲かっている産業もたくさんあり、全体が被害を受けたというよりは、産業構造が変化したと言うべきなのである。

さらに、集中的に需要が減少した外食や観光、鉄道、航空産業などにおいても、潜在需要がなくなったわけではなく、感染が怖いから人々が消費を控えているにすぎない。ということは、それらの産業での感染症予防措置が十分に整えば、需要は回復する。たとえば、航空輸送については、航空機内や空港施設での感染症対策が必要であり、それらをきちんとできる技術開発への需要も高まってくる。また、公的にも、ネット環境の整備、感染症への医療面の備え、外食産業や観光施設周辺の消毒や清潔な環境の確保など、いくらでもやることがある。

このように、感染症の蔓延が長引いたり、同様の事態が頻発したりするようであれば、需要構造が安心安全へとシフトして、それに対応した産業構造の変革を迫られる。コロナ・ショックによる経済停滞は感染への不安が原因だから、不安を緩和する対策こそが最大の景気対策になる。

これらの対策は、感染症のパンデミック中は必要不可欠ではあるが、パンデミックがなければ必要のない措置である。したがって、生産能力に余剰のない成長経済においては、そのまま経済への負担になるため、パンデミックの発生確率を考慮しながら、費用と便益のバランスを慎重に考えるべきである。ところが、慢性的な総需要不足に悩む成熟経済にとっては、新たな経済成長の契機にもなる。

本章の第4節では、成熟経済において新製品開発が経済を拡大させるための条件とは、新製品が従来の製品を無力化し、まったく新たな製品セットを必要とする場合であることを明らかにした。今回の新型コロナウイルス感染症などのように、パンデミックが長期的に続き、新たな消費の枠組みが必要になれば、まさに消費構造自体を変えるショックである。これを機に産業転換を適切に図れば、新たな経済成長の好機になる。

災害と保険制度

地震や台風などの自然災害でも、感染症パンデミックでも、災害時に必要なものはカネではなく、災害対応のための設備やモノや人手である。生産能力をすべて使っている成長経済では、災害が起こると生産能力の一部を災害対応に振り向けなければならず、必然的に日常の物やサービスの供給を縮小しなければならなくなる。このことは、カネをいくら発行しても変わらない。増税を避け、赤字国債と国内通貨の発行によってカネを調達し、災害対応に使おうとしても、モノ不足が起こり、物価が上昇して金融資産の実質価値は生産能力に見合ったものになってしまう。このように成長経済では、結局、カネの量とは無関係に、限られた生産能力を通常の生活のためのモノと災害対策のためのモノに振り分けるしかない。

これに対して成熟経済では、総需要不足に陥っているので生産能力に余裕があり、災害対応という面で大きな潜在能力を持っている。さらに、余った生産能力を災害対応に活用すれば、総需要が増えて低迷する経済の活性化にもつながる。

災害対応にはカネが必要だが、成熟経済ではカネがないからではなく、資産選好が強いから総需要不足が起こっているので、必要なカネを増税によって賄っても景気を悪くするわけではない。特に日本のように、政府が巨額の累積赤字に陥っているような国では、財政状況の一層の悪化を防ぐためにも、東日本大震災のときの復興増税のような特別増税が必要である。赤字国債の発行で災害対策資金を賄えば、その後の財政の立て直しが極めて困難になってしまう。

また、生産能力に余裕のある成熟経済では、平時に生産能力を使わずに放置するくらいなら、災害対策の物的準備に使うほうが、はるかに意味がある。大規模地震（表3・2）、台風や水害、インフルエンザ、SARS、MERSなどの感染症の流行は、頻繁に起こっている。国防とは、外国の侵略に備えることだけではない。頻度の高さを考えれば、これらの災

年月	地震名	死者行方不明者
1891.10	濃尾地震	7,273*
1896.6	明治三陸地震	21,959*
1923.9	関東大震災	105,385
1927.3	北丹後地震	2,925*
1933.3	昭和三陸地震	3,064
1945.1	三河地震	1,961*
1946.12	昭和南海地震	1,443
1948.6	福井地震	3,769*
1995.1	阪神・淡路大震災	6,437
2011.3	東日本大震災	22,288

表３・２　明治以降の主な地震
注：*は死者数.
出典：気象庁,『理科年表』.

害は少なくとも狭義の国防と同じくらい重要であろう。実際、２０１１年の東日本大震災のときにも、今回のコロナ対策でも、自衛隊は大きな役割を担っている。

今回の新型コロナウイルス感染症で明らかになった、日本でのワクチン開発の遅れ、検査体制や情報伝達の不備、重症病床の不足などは、平時において無駄の排除ばかりを強調し、潜在的な感染症対策が置き去りにされていたことの証左である。コロナ患者の追跡調査や病状確認作業などについて、保健所の不足や体制の不備が明らかになったが、保健所の数は１９９６〜97年を境にどんどん減って、２０２１年には半数近くの４７１か所にまでなっている（図３・15）。この数は、終戦直前の１９４４年における７７０か所と比べても、はるかに少ない。これでは、満足な対応を望むほうが無理な話であろう。

今回の新型コロナウイルス感染症への切り札として使われたｍＲＮＡワクチンの国内での研究も、２０１５年の韓国でのＭＥＲＳの流行を受けて、16年に国立研究開発法人医薬基盤・健康・栄養研究所で始まり、18年には治験準備に入ったが、無駄な研究だという理由で

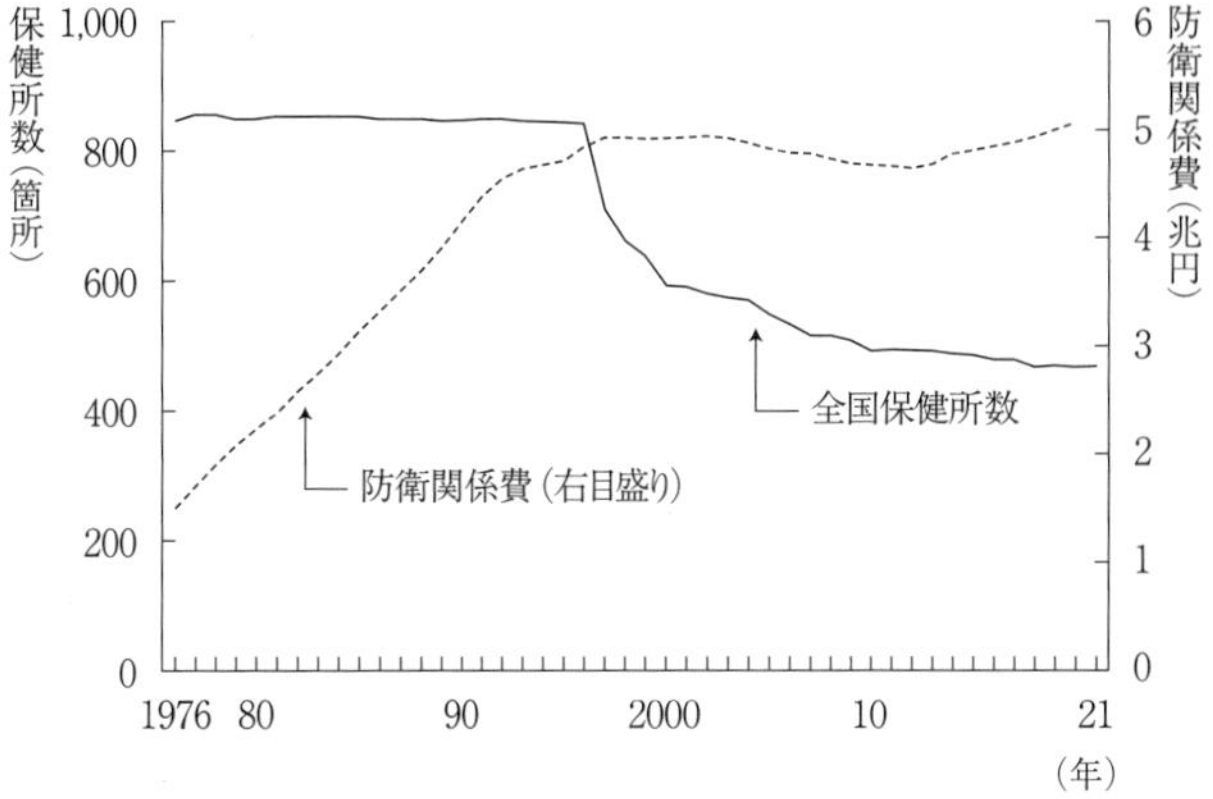

図3・15　保健所数と防衛関係費
出典：社会保障年報，財務省財政統計.

国の予算が打ち切られ、開発を断念している（21年3月の『東京新聞』や6月のNHKの報道など）。

保健・医療インフラは、何もないときから整備をしておくことが重要であり、危機が起こった後では遅すぎる。毎年5兆円規模の予算を投じている防衛費（図3・15）と同じで、使われなかったら、その幸運を喜ぶべきものである。2020年末には、政府はあわてて21年度予算案に5兆円のコロナ対策予備費を計上したが、起こったときに巨額の支出をするより、日頃から準備をしておくべきであろう。一度に巨額の支出をするのと毎年準備をしておくのとでは、迅速な対応が可能という点からも、需要を作って毎年余る生産能力を活用し、景気の下支えをするという点からも、日頃から計画的に準備しているほうがはるかに望ましい。

しかし、「喉元《のどもと》過ぎれば熱さを忘れる」のことわざどおり、平時に重症病床がたくさん空いていれば、無駄遣いと非難される。特に、消費選好と比べて資産選好が強ければ、カネの無駄遣いに対する国民の心理的抵抗は強い。しかし、これは使われない兵器の維持と同じであり、使われなければ無駄だというのであれば、兵器は無駄だらけである。さらに、総需要不足で失業を放置したり、労働力の非効率な使い方をしたりするほうが、はるかに無駄である。したがって、兵器は平時からの準備が必要というなら、感染症対策も平時からの準備が必要である。

第4章　格差拡大

成長経済での格差と道徳律

現代の各国経済が抱えるもう1つの大きな問題として、格差拡大がある。原因としてまず考えられるのは、各個人の生産能力の違いである。生産能力の高い人は高い所得を得ることができるため、多くの資産を貯めることが可能になる。反対に、生産能力の低い人は低い所得しか得られないため、貯める資産の量は少なくなる。

次に、各個人の消費態度の差がある。同じ生産能力を持っていても、今の生活よりも将来の生活に重きを置く人（＝時間選好の低い人）は、所得が同じであっても消費を控えて貯蓄に励むから、資産がどんどん貯まって豊かになっていく。反対に、将来のことよりも今の生活を楽しみたい人（＝時間選好の高い人）は、貯蓄よりも消費を優先するから資産は貯まらない。

資産格差を生み出す生産能力と時間選好という2つの要素は、各自の個性である。そのため、資産格差は自己責任であるという考え方が広まっている。多くの親が我が子に「まじめに勉強しなさい。無駄遣いはやめなさい」と言うのも、このことを反映している。

さらに、この2つの個性は、経済全体の生産能力がまだ低い段階にある成長経済では、当人を豊かにするだけでなく、経済全体を豊かにする要因にもなる。成長経済では、一時的に総需要不足があっても、物価の変動による実質金融資産の調整によって、総需要不足は短期間で解消されるため、生産能力が経済活動水準を決める。したがって、生産能力の高い人が多くいる経済ほど、経済活動も活潑《かっぱつ》になるからである。また、多くの人々が低い時間選好率を持って質素倹約に徹し、手にした所得の多くを貯蓄に回せば、消費せずに残った生産物は投資に回り、より多くの生産設備が蓄積されるから、経済は高度成長を遂げる。そのため、勤勉と質素倹約は古くから、広く道徳律として受け入れられ、二宮金次郎《にのみやきんじろう》のような人が社会的にも尊敬されてきた。

勤勉と質素倹約の弊害

高い生産能力を備えて慢性的な総需要不足に陥っている成熟経済においても、成長経済と同様に、個人の視点から見れば、勤勉と質素倹約はその人を豊かにする。そのため、勤勉と質素倹約は相変わらず望ましい個性である。それどころか、不況であるほど個人の生活も経済的に厳しい局面にあるから、ますます勤勉と質素倹約に励もうとする。しかし、これが報われるのは、自分だけが勤勉と質素倹約に励み、他の人はそうしない場合に限られる。

成熟経済では、もともと総需要不足（＝過剰生産能力）に陥っているため、すべての人々が勤勉に働いて生産能力を高め、質素倹約に励んで総需要を減らせば、デフレ・ギャップはますます広がって、デフレが悪化する。その結果、金融資産を使わずに長期間持っていたほうが、価値が大きく上がって得になるから、消費意欲は衰え、人々はますます質素倹約に励む。それが総需要不足をさらに拡大し、結果的にすべての企業の売り上げが減って、すべての人々の所得も下がってしまう。こうして、個人の道徳律である勤勉と質素倹約が経済全体に広がれば、個人の努力が報われない結果に終わる。

このような経済を豊かにするには、すべての人々が同時に勤勉と質素倹約を緩めて、消費に励む必要がある。消費が増えれば、デフレが緩和されて消費をさらに促進するから、企業の生産も拡大して雇用も増え所得も高まる。この効果は総需要不足がある限り現れる。しかし、極端に勤勉と質素倹約を怠って生産能力が落ち、総需要不足がなくなれば、成長経済の道徳律の有効性が復活する。

成長経済では、個人の視点からの勤勉と質素倹約という道徳律が、そのまま経済成長につながるが、成熟経済では、これらは経済の低迷をもたらす。また、たとえ個人がそのことに気づいても、自分だけがその道徳律に従わなければ、他の人々に比べて貧しくなる。そのため、個人の利己的な行動に任せておくと、経済は低迷を続けることになり、そこから脱するには政府による調整が必要になる。具体的には、政府が総需要不足を補うように、積極的に国民への公的サービスを充実させ、社会インフラを整備し拡大することが望ましい。

しかし、民主主義社会では、政府が個人の道徳律に反する政策を行うことは、容易ではない。多くの国民は、自分たちが勤勉と質素倹約に励んでいるのだから、政府も勤勉と質素倹約に励むべきだと思い、それに沿って、政府の効率化、政府支出の縮小、公務員数の削減などを主張する政治家が支持を集める。その結果、経済全体の総需要不足はさらに広がることになる。ここに、成熟経済の不況克服の困難さがある。

金持ちになるほどカネが惜しい

資産格差は、各自の生産能力と時間選好の程度という個性の違いだけから起こるわけではない。まったく同じ生産能力と時間選好を持つ個人であっても、金持ちになるほど貯蓄意欲が膨らんでいく。多額の資産を保有して高い収益があり、賃金所得も高い豊かな人に資産が貯まらないなら、この人は、それ相応に消費を増やしているはずである。しかし、そうすると貯蓄の便益が消費の便益を上回ってしまうので、実際には消費をそこまで増やさず、資産がどんどん貯まっていくことになる。以下では、基本方程式を使って、この性質を確かめてみよう。

図4・1では、図3・10に示した基本方程式の両辺に与えた貯蓄の便益と消費の便益を、個別に表示している。貯蓄の便益から見ていこう。いま、資産を一定に保持するような水準の消費を$c(a, w)$と書こう。図4・2の右上がりの曲線は、個人の能力を反映する賃金所得wが同じ場合に、個人の資産保有量aに応じて、その人が、かりに消費を$c(a, w)$にしたときの貯蓄の便益（＝資産プレミアム）を示している。その形状は、図2・6に示した資産プレミアム（消費と比べた資産保有への選好の程度）の性質から導出した図2・7と同じものである（ただし、図2・7では賃金所得を考慮していない）。

その性質とは、以下のようなものであった。すなわち、資産が増えていくにつれて資産プレミアムは下がっていくが、ある程度以下にはならずに止まってしまう。他方、資産を一定に保つ消費水準$c(a, w)$も増えていくから、それに対応して資産プレミアムは上がりつづける。この2つの性質から、資産と消費が並行して増えていくにつれて、資産プレミアムδは上昇しつづけ、図4・2の右上がりの曲線で示されるようになる。この性質は、成長経済で

$$
\text{貯蓄の便益} = \begin{cases} R+\delta(a,c) & \cdots\text{成長経済} \\ \bar{\delta}(c) & \cdots\text{成熟経済} \end{cases}
$$

$$
\text{消費の便益} = \rho + \pi \qquad \text{物価変化率}\ \pi = \alpha\left(\frac{y-y^f}{y^f}\right)
$$

（＝貯蓄の費用）

図4・1　貯蓄の便益と消費の便益

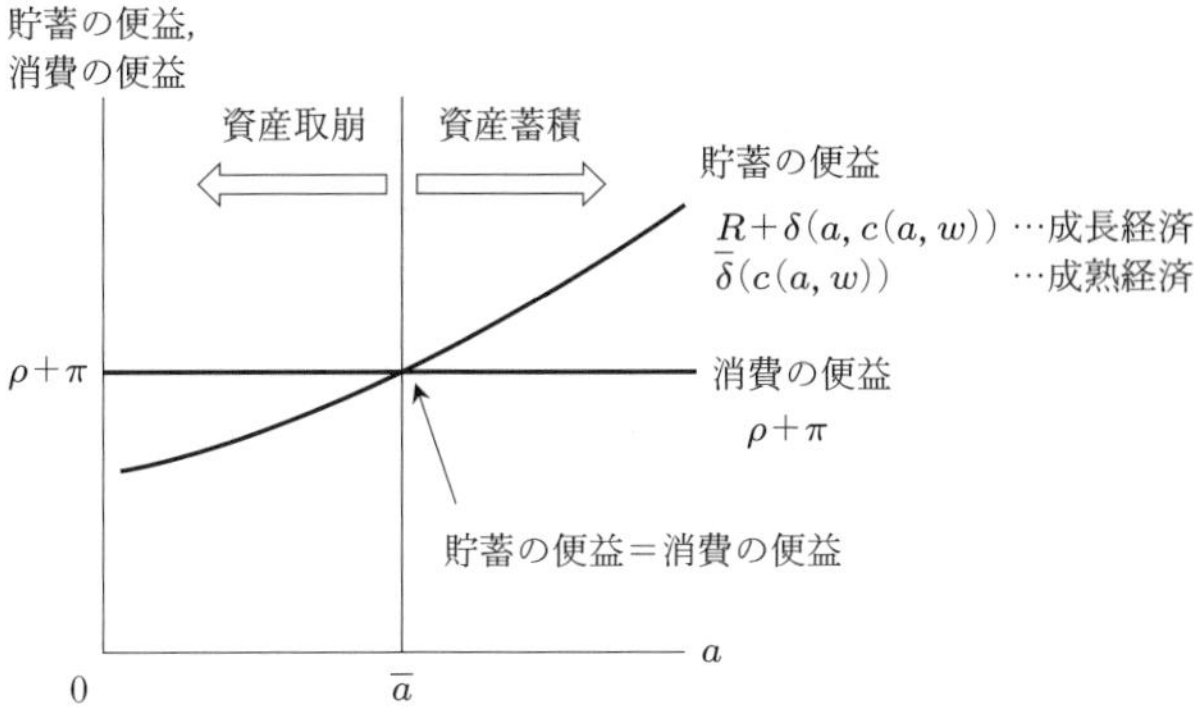

図4・2　資産保有量と資産の増減

も成熟経済でも成り立つ。

他方、消費の便益（＝貯蓄のコスト）は、図4・2の水平線で示される値、すなわち、時間選好率ρ＋物価変化率πである。このうち、消費を先延ばしする不満を補うのに必要な将来の消費増分を表す時間選好率ρは、各個人の個性であり、金融資産価値の減価率である物価変化率πは、経済全体の需給ギャップに依存して決まる。そのため、消費の便益$\rho+\pi$は各個人の資産保有量aや賃金所得wの大小とは無関係である。

各個人は、貯蓄の便益が消費の便益を上回れば資産を蓄積し、下回れば資産を取り崩す。図4・2において、この2つの値がちょうど一致するときの資産保有量を$\bar{a}$とすれば、資産保有量が$\bar{a}$を上回っている個人は資産を蓄積し、下回っている個人は資産を取り崩していく。また、資産プレミアムの曲線が右上がりであるため、保有資産がわずかでも大きい人は、少ない人よりも貯蓄が大きく（あるいは、取り崩しが少なく）、したがって、資産格差は時間を追って加速度的に広がることになる。

さらに、同じ資産保有量であっても高い賃金所得wを得ていれば、資産を一定に保つような消費は大きくなるから、資産プレミアム（＝貯蓄の便益）はより大きくなる。これは、図4・2において、貯蓄の便益を示す曲線の上方シフトを意味する。そのため、資産の蓄積と取り崩しを分ける資産水準$\bar{a}$は低くなる。このことは、同じ資産を持っていても、賃金所得が高ければ貯蓄傾向が強まることを意味している。

このように基本方程式から、資産が多いにしろ賃金所得が多いにしろ、人は豊かになるほど貯蓄傾向が高まるということが示される。つまり、金持ちになるほどカネが惜しくなるのである。

自己責任ではない経済格差

人々が初期に保有する資産の違いは、単なる運不運によって生まれる。たとえば、親がたまたま金持ちであれば、多くの資産を引き継ぐことができよう。さらに、成長経済なら仕事をしたいすべての人が職に就けるが、成熟経済の総需要不足の下では、たとえ同じ能力を持ち同じ努力をしても、誰かが正規に職を得れば、誰かが雇用条件の悪い非正規に就くか失業するしかない。このような運の違いによって初期資産や所得に格差が生まれ、それがその後の格差拡大に直結するなら、資産格差についての自己責任論が成り立たない。そのため、政策的な再分配が必要になってくる。

ここで言う再分配とは、能力の低い人、先の生活のことを考えない人を念頭に置いた最低限の救済措置ではない。資本主義経済において、人々が資産選好を持っている限り、まったく同じ能力と時間選好を持つ人間であっても、立場が替わり、たまたま運悪く初期資産が低かったり、よい職に就けなかったりしただけで、資産格差が生まれ広がっていくとすれば、それを政策的に是正する積極的な理由がある、ということである。

資産格差が広がるとき、再分配をしなくても、借り入れ制約を緩める政策を行えば、借り手の消費の自由度が広がる。具体的には、消費者ローン、教育ローン、住宅ローンなどの担保条件の緩和や無担保融資の拡充、保証制度の充実などである。再分配の代わりにこれらを行えば、どのような効果があるのか。

担保制度や借り入れ制約は、将来の返済不履行の危険を回避するためにあり、過度に緩めれば、金利の上昇や資金回収のトラブルなどを引き起こす。では、債務者の情報が正確になり、安全に貸し出すことのできる金額が増えたとしよう。そうすれば、今は資金が足りないが将来は必ず返済ができ、そのため今借り入れをして、もっと消費したいと思っている人が、十分なカネを手にすることができる。そのため、少なくとも短期的には消費拡大効果を生んで、景気を好転させる。

しかし、借り手が以前より多くの金額を借りることができれば、将来の負債が増えて返済額が拡大することになる。前項で示したように、純金融資産の少ない人ほど、相対的に消費意欲が高く貯蓄意欲が低いため、この人たちは借金を減らすことなくますます膨らませていく。その結果、最終的には、所得のより大きな部分を借金返済に回さざるを得ず、消費は借り入れ条件が緩和される以前の水準より下がってしまう。また、借り入れ側の負債が増えるということは、その分だけ債権者の資産が増え、そこからの利子収益が増えるということであるため、資産格差はさらに広がっていく。

その上、債権者の金融資産保有量が巨額になれば、資産がそれ以上増えても消費意欲が高まらず貯蓄意欲ばかりが残る。他方、債務者は負債返済のために、消費を減らさざるを得ない。そのため、経済全体の合計消費は、借り入れ制約の緩和政策以前より減ってしまうことになり、不況は悪化する。

このように、借り入れ制約を緩めても、結局は貧しい人の助けにはならず、それどころかかえって苦しい状態に追い込むことになる。景気も一時的にはよくなるが、長期的には以前より悪くなってしまう。景気を本格的に回復させるためには、資産の再分配が不可避である。しかし、借り入れ条件の緩和や政府保証の充実に比べて、再分配政策は政治的には非常に困難である。そのため、資産格差の拡大とそれがもたらす社会不安が続いてしまう。

経済格差と不況

前章では、資産選好が総需要不足による長期不況を生み出す元凶であることを見てきた。生産能力が小さい経済では、物価が下がり金融資産の実質量が増えるにつれて消費も拡大するため、長期的な総需要不足は起こらないが、生産能力が十分に大きい経済では、金融資産が増大しても資産選好が相対的に強まって、消費が増えなくなるため、長期的な総需要不足に陥る。これと同じ性質が個人の間でも成立し、豊かな人ほど相対的に資産選好が強まって、格差拡大を引き起こす要因になっている。

さらに、社会全体での格差拡大は、総需要不足をもたらす要因にもなる。資産格差が拡大しつづけると、少数の人々が多くの資産を保有し、残りの多くの人々が資産を取り崩して負債を背負うようになる。そのとき、資産を持っている豊かな人々は資産相応の消費をせず、他方、貧しい人々は貧しさゆえに消費が十分にできない。そのため、総需要が不足して不況になる。

このことは、生産能力が低く、1人当たりの平均資産量も少ない成長経済であっても、資産が少数の人々に集中し、格差が広がっていくにつれて、成熟経済のような総需要不足と長期経済停滞が起こることを示している。さらに、総需要不足は失業や非効率な雇用を生むため、貧困層は負債と所得不足の両方に悩まされ、ますます貧困から抜け出せなくなる。

このとき再分配をすれば、総需要が拡大するから経済全体での総生産も拡大し、貧困層だけでなく富裕層の所得も増加させることができる。このように、再分配は単なる社会福祉政策を超えて、不況を避け、すべての人を豊かにするためにも、有効なのである。

第5章　国際競争と円高不況

1　国際経済での不況

開放経済における国内総生産

本書では、これまで国内経済（閉鎖経済）だけを考え、海外との取引を考慮していなかった。しかし、現代の経済を考える上では、外国との貿易や利子・配当の受け払いを無視することはできない。それでは、外国との取引がある開放経済を考慮に入れても、これまでの議論は成立するであろうか。以下で示すように、簡単な拡張によって、国内経済だけを考える場合と基本的に同じ結論が得られるのである。

第2、3章で見てきたように、人々は消費・貯蓄選択において、経済全体での物価変化率を念頭に、消費の便益と貯蓄の便益を比較して消費と貯蓄を決める。このことは、海外との貿易取引があっても、また海外からの利子・配当収入があっても、変わりはない。そのため、

第3章（図3・1、図3・2など）で示した消費者の行動は、開放経済でもそのまま成立する。開放経済と閉鎖経済との違いは、一国の経済が手にする総所得が、国内総生産からだけではなく、それ以外に、海外資産からの利子や配当などの収益（あるいは負債への支払い）があることである。そのため、国内総生産にそれを加えた（あるいは差し引いた）値が国民所得となって、消費、投資、政府需要に使われる。このことを考慮しさえすれば、これまでの議論がそのまま成立する。

閉鎖経済：$y=c+i+g$
（＝消費＋投資＋政府需要）

開放経済：
所得収支（＝利子・配当純受取）　貿易収支（＝輸出－輸入）

$$\text{経常収支}=\underbrace{rb^*+y}_{\text{国民所得}}-\underbrace{(c+g+i)}_{\text{総需要}}=0$$

⇓

$$y=c+i+g-rb^*$$

図5・1　開放経済での国内総生産（y）

図5・1では、このような修正を行った後の開放経済での国民所得と総需要の関係式を、閉鎖経済での均等式と比べて書いている。海外との取引がいっさいない閉鎖経済では、国内総生産yがそのまま日本全体の所得となり、それがすべて国内で支出され総需要になるので、国内総生産yは総需要である$c+i+g$（＝消費＋投資＋政府需要）の値と一致する。他方、開放経済では、日本が稼ぐ所得は国内総生産yだけでなく、対外純資産b^*からの利子や配当の受け払い（所得収支rb^*）も加わる。ここで、rは対外資産の実質利子（収益）率を表している。このとき、日本全体の総所得（＝国民所

得）は、この2つの合計 rb^*+y となる。日本国民はそこから総需要分だけ使い、残り分（＝経常収支）があれば対外純資産 b^* として貯めていく。なお、対外資産以外に国内資産もあるため、個人は国内資産からも収益を受け取るが、国内資産からの収益は国内総生産 y のなかに含まれている。

国内で作ったモノ（＝国内総生産 y）から国内で使うモノ（＝総需要 $c+i+g$）を差し引いた分が海外に渡るモノの純価値であり、すなわち貿易収支（＝輸出－輸入）である。経常収支はこの値に所得収支（外国からの利子や配当の受け払い）rb^* を足したものになっている（図5・1の第2式）。

このとき為替レートは、経常収支が黒字になれば、通貨が高くなって（円高）経常収支が悪化し、経常収支が赤字になれば、通貨が安くなって（円安）経常収支が改善し、経常収支をバランスさせるように調整される。その結果、国内総生産 y は総需要 $c+i+g$ から海外からの純収益（所得収支 rb^*）で賄う分を差し引いた値になる（図5・1の最終式）。

成長経済での経済活動水準

生産能力が低く対外資産保有も少ない成長経済であれば、消費水準が低いために潜在的な消費意欲は高く、総需要不足があっても、賃金や物価の調整によってすぐに解消される。その結果、国内での生産活動は生産能力と一致し、そこから得られる所得と海外からの利子・配当収入の合計が、すべて消費、投資、政府需要のいずれかに使われることになる。

このことは、図5・1の最終式における国内総生産yが生産能力y^fと一致し、その結果、図5・2の式が成立することを意味する。この式は、左辺に示される生産能力y^fと対外資産からの収益rb^*の合計が国民所得であり、それがすべて、右辺に示される消費c、投資i、政府需要gのいずれかによって使われることを示している。

したがって、生産能力y^fを引き上げ、国内総生産をできるだけ増やせば、その分だけ国内総需要が増える。また、政府需要gを減らせば、減った分が民間の消費や投資に回る。さらに、対外資産b^*が大きいほど、そこからの利子・配当収益rb^*が増えるから、消費や投資や政府需要を増やすことができる。

対外資産からの純収入　消費　政府需要

$$rb^* + y^f = c + i + g$$

生産能力　投資

図5・2　成長経済の消費決定

成長経済におけるこうした結論は、閉鎖経済の場合とほとんど同じであり、開放経済では、対外資産をより多く貯めておくことが経済を豊かにする、という性質が加わるだけである。そのため、海外との取引がある開放経済においても、勤勉や質素倹約、生産効率化や無駄の排除が求められる。

開放経済での総需要不足

一方、生産能力が十分に高い成熟経済では、資産選好によって、生産能力を使い切るまで消費が伸びていかないために、総需要不足になって経済が低迷する。そのときの人々の消費・貯蓄選択行動は、閉鎖経済でも開放経済でも同じであり、貯蓄の便益を表す資産プレミアムは資産量に依存せず、消費だけに依存する値$\bar{\delta}(c)$になって、図5・3の最初の式に示されるようになる。この式は、閉鎖体系の下での成熟経済の基本方程式を示した図3・1の最終式と同じである。そのため、そこから求められる新消費関数$c(y; y^f)$も、図3・2において求められた閉鎖経済における新消費関数と同じである。

なお、ここでデフレ・ギャップを決めるのは、国内と外国の両方からの国内製品への総需要であり、国内総生産はその水準までしか伸びない。すなわち、図5・3での第1式に示される基本方程式と新消費関数は、国内生産物への国内外からの総需要（＝国内総生産y）が大きくなって生産能力y^fに近づくほど、デフレ・ギャップが縮小してデフレが収まり、消費$c(y; y^f)$が大きくなる、ということを示している。

では、国内生産物への総需要（＝国内総生産y）はどのように与えられるか。国内製品と外国製品の両方に対する自国の総需要（＝消費c＋投資i＋政府需要g）は、国内総生産yと対外資産からの利子・配当収入rb^*の合計によって賄われる。そのため、国内総生産yは国内総需要$c+i+g$から対外資産からの純収入rb^*を差し引いた値と一致する（図5・3の第2式）。成長経済では、国内総生産yは生産能力y^fと一致するが（図5・2）、成熟経済では生産能力の水準にまで伸びることができず（$y^f>y$）、デフレ・ギャップが発生する。図5・3にある$c(y; y^f)$は、このデフレ・ギャップによって生み出される物価変化率を前提に、国内消費者が決める消費量であり、国内総生産yは、図5・3の第2式を満たすyの値である。

図5・4では、この式を満たす国内総生産（＝国内製品への国内外からの総需要）を求めている。点Bから始まる右上がりの線は、図5・3の第2式の右辺によって与えられる国内製品への総需要であり、図3・5に示した閉鎖経済の場合の総需要から海外からの純収益分rb^*だけ、下方に平行移動したものである。一方、国内の雇用を生み出す総生産は45度線で示される。国内総生産（＝国内製品への国内外からの総需要）はこの2つの線の交点Aによって与えられる。

基本方程式　　　　新消費関数

$$\bar{\delta}(c)=\rho+\alpha\left(\frac{y}{y^f}-1\right)\Rightarrow c=c(y; y^f)$$

物価変化率

$$(y^f>)\,y=c(y; y^f)+i+g-rb^*$$

図5・3　開放経済での新消費関数

このように、開放経済における総需要分析は、対外資産からの利子や配当収益分の修正があるだけで、図3・5に示した閉鎖経済における総需要分析とほとんど同じである。

したがって、モノの購入や雇用を伴う政府需要gが増えたとき

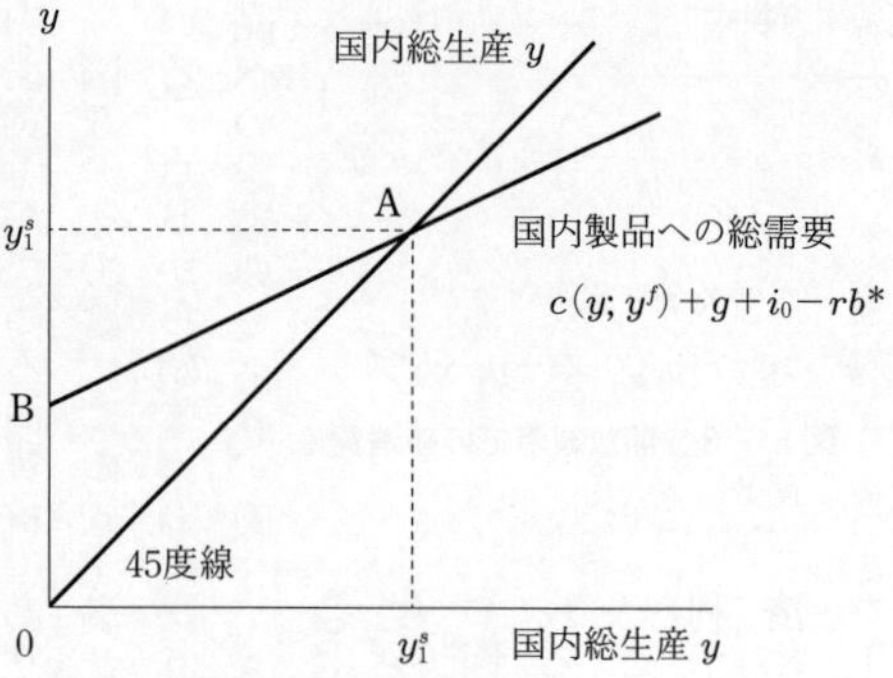

図5・4　開放経済での総需要

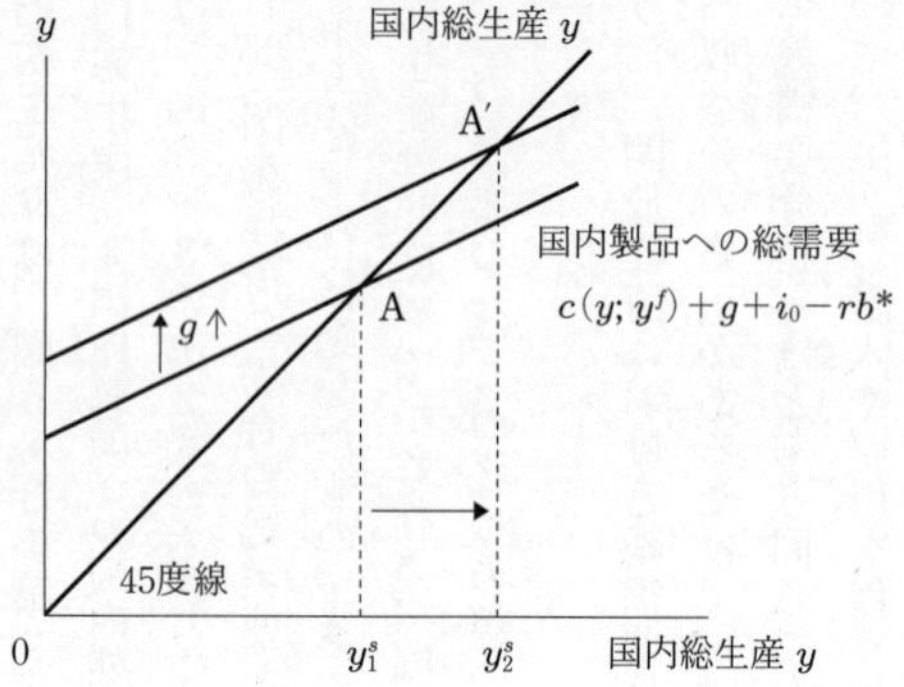

図5・5　政府需要の拡大

の効果も、閉鎖経済の場合（図3・6）とまったく同様である。すなわち、政府需要gの増大は、国内製品への総需要と雇用を増やしてデフレ・ギャップを減らし、デフレ率を緩和して人々に消費を促す。さらに、消費の増大が当初の政府需要拡大に加わって、国内製品への総需要が拡大するから、デフレ・ギャップはますます縮小して、景気は大きく上向く。このように、閉鎖経済における政府需要の増大による景気拡大効果は、そのまま開放経済においても現れる。

政府需要gの増大による効果は、図５・５において、総需要の上方シフトによって表される。これにより、45度線との交点はAからA′に移動し、それに伴って国内製品への総需要もy_1^sからy_2^sに増加する。その結果、デフレが緩和されて消費意欲が刺激され、国内消費は$c(y_1^s; y^f)$から$c(y_2^s; y^f)$に増大する。

国際競争力と景気

景気が悪くなると、国内企業が外国企業との競争に負けたからだと言われ、技術力を高めて海外のライバル企業に勝つことが、経済回復の鍵だとされる。実際、日本企業が生産性を上げて、生産物を海外のライバル企業より安く供給することができれば、輸出が増えて海外から大きな収益が得られ、消費が増えて、景気がよくなりそうである。このシナリオは、生産能力が低いために総需要不足が起こらない成長経済でのみ成立する。成長経済であれば総需要不足はなく、国際競争に勝って稼いだ所得はすべて支出されるから、経常収支の過度な黒字化と円高も起こらない。

生産能力が高く豊かな成熟経済でも、自国企業が生産性を向上させて、モノが安く生産されるようになれば、外国企業との競争に勝って国内総生産が伸びる。しかし、成熟経済なら、すでに消費が十分に大きく、資産選好が強くなって消費意欲が下がっているから、消費が伸びず、生産の増加分がそのまま経常収支に積み上がって、過度な黒字化が起こる。これが円高を呼び、自国製品の国際価格が上昇する。円高は、自国製品の国際価格を以前の水準にまで押し上げ、海外需要をもとの水準に引き下げるまでになっても、まだ終わらない。その理由は、同じ量を作っても生産性上昇で雇用が以前より減っているため、デフレが以前より悪化し、それが国内消費を低く抑えて国内製品への総需要が以前より下がり、経常収支の黒字が残ってしまうからである。そのため、円高がさらに進んで自国企業が以前より国際競争力を失い、生産がもとの水準より下がって、ようやく経常収支がバランスを回復する。その結果、デフレも消費も雇用も、すべて以前より悪くなってしまう。これが、円高不況である。

国内企業の生産性向上がもたらすこうした景気の悪化は、基本方程式を使えば、閉鎖経済の場合の分析と同じようにして、求めることができる。図5・3で示したように、新消費関数 $c(y; y^f)$ は閉鎖体系の場合と同じである。生産性向上は生産能力 y^f を引き上げるため、国内製品への国内外からの総需要 y が同じであれば、デフレ・ギャップが広がってデフレが悪化する。デフレの悪化は資産保有を消費よりも有利にするから、消費 $c(y; y^f)$ が減る。この効果は、図5・6において、国内製品への総需要の下方シフトによって表される。その結果、

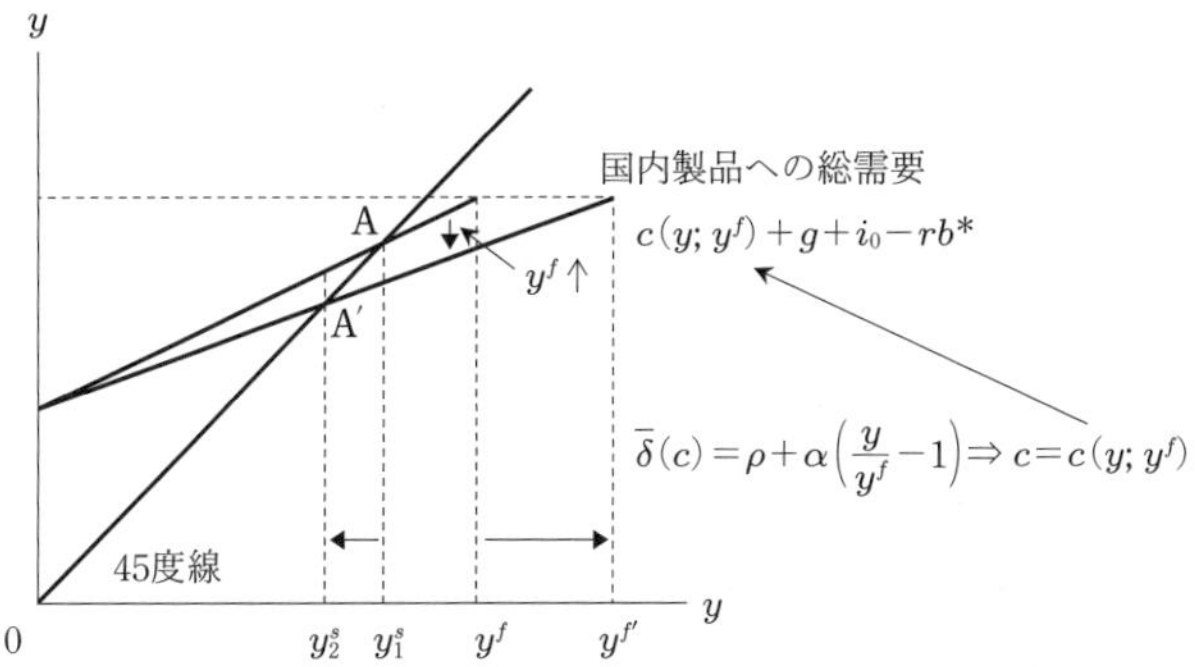

図5・6　成熟経済での生産性向上

45度線との交点Aは左下方にA′まで移動し、生産能力はy^fから$y^{f'}$に増えているのに、総需要はy_1^sからy_2^sに減ってしまうことがわかる。この効果は、閉鎖経済における生産性向上の効果と同じである。

物価調整の効率化が国内総生産に与える効果も、閉鎖経済の場合と同様である。総需要不足によってデフレが起こっている状態では、物価調整速度αが上昇すれば、物価がすばやく下がってデフレが悪化するから、資産保有を有利にして消費を抑えてしまう。そのため、総需要がさらに減少し、景気はますます悪化することになる。

このように、開放経済になって海外との貿易取引や利子・配当収入があっても、成長経済、成熟経済のいずれの場合においても、閉鎖経済での政府需要の増加、生産性向上、市場調整の効率化などの効果が、ほぼそのまま成立する。

対外資産

開放経済では対外資産（あるいは負債）b^*が存在し、それが増えれば海外からの利子・配当収入が増える。そのため、貧しく消費意欲の高い成長経済では、消費が増加する。ところが、豊かなために消費意欲の低い成熟経済では、海外からの利子・配当収入が増加しても、貯めるばかりで消費は伸びていかない。そのため、対外資産からの収入が大きくなる分だけ経常収支が黒字化し、円高が進んで自国製品は海外製品にシェアを奪われてしまう。その結果、雇用が悪化してデフレ・ギャップを広げ、デフレの進行が資産の保有を有利にして消費をさらに押し下げ、総需要が減って景気は悪化する。

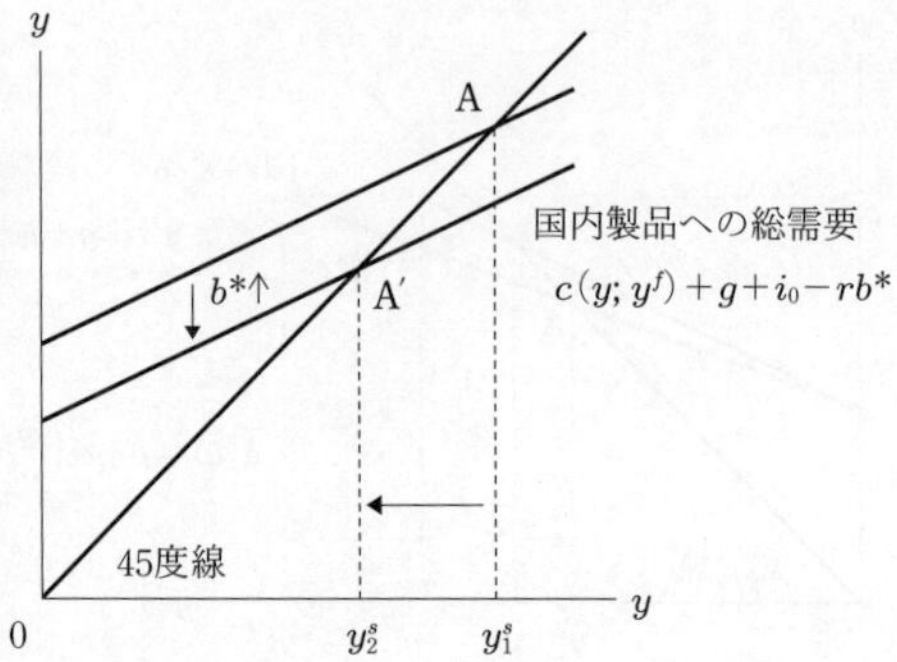

図5・7　対外資産の増加

以上の効果は、新消費関数を使って確認できる。図5・7に示されるように、対外資産からの収入rb^*が増加すれば、国内製品への総需要を示す右上がりの線が下に移動するため、45度線との交点がAからA′に移って、国内総生産はy_1^sからy_2^sに下がってしまう。これは、経常収支の黒字が進んで円高になり、国内製品に向けられる総需要が減って国内雇用が減少するから、デフレが悪化し、消費意欲が下がって、消費も国内総生産も減少することを意味する。

成熟経済での対外資産の増加が自国の消費を抑えてしまうという結論は、成長経済の場合とは反対であるとともに、通念とも大きく異なる。個人の立場から見れば、資産保有が増えれば豊かになって消費も増えるように思う。しかし、これが成立するのは、貧しく消費水準が低いために、人々が資産を持っていれば、いずれそれを消費に回すことになる成長経済においてだけである。成熟経済では、資産保有そのものに満足して消費を増やさないため、対外資産からの収入分だけ経常収支が黒字化して円高を生み、国内製品への総需要を減らして不況が悪化してしまう。

経常収支黒字と円高

一般家庭においては、家計簿が黒字になれば資産が貯まって豊かになり、豊かになれば消費を増やすことができる。このことは一国全体を考えても正しい。一国全体の家計簿の黒字化とは経常収支の黒字化であり、それを実現するには、日本企業の国際競争力の向上や無駄な政府需要の削減が効果的である。経常収支が黒字化すれば円高になるが、円高は、自国の生産物を同じ量だけ売ればより多くの外国製品が手に入る、ということを意味する。そのため、消費を増やしたいと思えば、実際に増やすことができる。

しかし、この機会を利用せず、カネを貯めることばかり考えて消費を増やさなければ、経常収支が過度に黒字化して、大きな円高を生む。その結果、日本製品の国際競争力が衰え、国内外からの国内製品への需要が下がってしまう。企業が販路を失い生産が減ってしまえば、投資の必要もなくなるから、総需要はますます減り、雇用も減って失業が拡大し、デフレが悪化して消費も下がる。

円高については、一方で、日本経済が強くなった証拠と言われるし、他方で、円高不況をもたらすとも言われる。相反するこの2つの結果を分けるのは、日本人が稼いだカネをしっかり使うかどうかである。生産を効率化して安く大量にモノを生産できるようになれば、国際競争力が上がって黒字が増え、円高になるから、円高は日本経済が強くなった証拠となる。円高は海外製品を安くするから、国内製品の生産拡大に加えて海外製品もたくさん手に入り、人々は消費を増やすことができる。ところが、人々の資産選好が強く、稼いだ分を消費に回さないと、円高が過度に進んで国内製品が売れなくなり、不況が悪化してしまう。稼いだカネをしっかり使うことによって、はじめて勤勉が報われるのである。

消費水準が低い成長経済では、欲しいのに手に入っていないモノがたくさんあるため、カネを何に使いたいか、すぐに思い浮かぶ。ところが、豊かな成熟経済になると、必要なモノはそろっているから、何に使うかの知恵を磨かないと、どう使っていいかわからない。その結果、貿易でカネを稼ぐと貯めるばかりで経常収支が黒字化し、円高が進んで国内企業の競争力を削ぐから、不況を悪化させてしまう。

このように、カネを稼ぐばかりで使わなければ、経済はかえって貧しくなるという性質は、開放経済でも閉鎖経済と同様に成立しているのである。

金融緩和

円高が進み、国内企業の国際競争力が落ちてくると、日銀の金融緩和による円安誘導への期待が高まる。しかし、金融緩和が為替レートの絶対水準に影響するのは、消費意欲の強い成長経済においてだけである。理由を以下に述べよう。

消費意欲の強い成長経済では、赤字財政拡大と金融緩和によって市中のカネを増やせば、企業や消費者はモノの購入を増やそうとする。しかし、生産能力はフル稼働しているため、モノの購入を増やそうとすると、モノ不足や人手不足が起こって物価や賃金が上昇する。このとき、為替レートが以前のままであれば、物価上昇はそのまま国際価格の上昇になって、国内企業は国際競争力を失うため、経常収支が赤字化して円安調整が起こる。これが、金融緩和による円安誘導である。しかし、総需要不足のない経済なら、モノの生産は生産能力の水準で決められているため、円安は金融緩和による物価上昇をちょうど相殺して国際価格をもとにもどし、その結果、国内製品への総需要がもとの水準（＝生産能力）にもどるだけであり、生産量や消費量などの実体経済には何の影響も与えない。

他方、成熟経済では、資産選好が消費選好よりも強くなっているため、貨幣供給量が増えても人々は資産として貯めるだけであり、モノの購入を増やそうとはしない。そのため、金融緩和は物価にも経常収支にも何の影響も与えず、円安圧力も生まれない。このような成熟経済での金融緩和の無効性は、第3章で議論した閉鎖経済での結論とも整合的である。

このように、金融緩和によって為替操作をしようとすると、成長経済においては円安になるが、その分は物価上昇で相殺され、実質的な効果を持たない。また、成熟経済では、金融緩和はそもそも為替レートに何の効果も与えない。成熟経済におけるこの性質は、図5・3に示した成熟経済の基本方程式において貨幣も資産も現れず、そのため金融緩和が何の影響も与えない、ということからもわかる。

為替レートの絶対水準と変化率

開放経済における景気の動きを考えるとき、為替レートの絶対水準（1ドル何円か）と変化率（年率何％で変化するか）の働きをはっきり区別して考える必要がある。これまで議論してきた政府需要や生産性の変化による景気への影響では、それらの変化が経常収支の不均衡を生み、均衡を回復するように為替レートが調整されることを見てきた。これは、為替レートが変われば自国製品と外国製品との相対価格が変わり、輸出入に影響を与えて経常収支のバランスを回復するメカニズムであり、為替レートの絶対水準の調整を表している。

他方、為替レートの変化率は、国内資産と外国資産との利子率の違いを埋めるものである。開放経済では、国内外の金融資産を自由に選択できるため、両者の利子率に違いがあれば、不利な資産を有利な資産に交換しようとして、巨額の資金がすぐに動き出す。いま、ドル建て債券の円換算での利子率を考えると、それは、ドル建ての利子率とドル円交換レート（1ドル何円）の変化率（1ドルが円換算で年率何％上がっていくか）の合計になる。この値が、世界中の投資家の資産選択行動によって、円建て債券の円建ての利子率と一致するように、為替レートの変化率が決まる。つまり、為替レートの変化率は、２つの通貨建て利子率の差をカバーしている。

それでは、為替レートの絶対水準が経常収支の不均衡を調整した後で、自国と外国の収益資産の収益率の差を埋めるように為替レートが変化していったら、経常収支の不均衡は起こらないのだろうか。以下に示すように、それは起こらず、経常収支は均衡しつづけることができる。

ドル建て収益資産と円建て収益資産の利子率が、同じ通貨の円で換算して同じであれば、ドルで換算しても（実質利子率）、モノで換算しても（実質利子率）、2つの利子率は同じである。また、実質利子率とは、それぞれの通貨単位で測った名目利子率からそれぞれの物価変化率を差し引いた値である。一方、円とドルの名目利子率の差は、前述のとおり、為替レート変化率である。そのため、日本と外国の物価変化率の差と為替レート変化率は等しくなる。つまり、ドル建ての物価が円建ての物価より早く（遅く）上昇しているなら、円と比べたドルの価値（ドル円レート）はちょうどそれを相殺する変化率で下がって（上がって）いく。その結果、日本製品と米国製品の相対価格は変化せず、両製品の相対的国際競争力が変化しないため、経常収支のバランスは保たれる。

　国内と国外の収益資産の利子率は、同じ有利さになるように、非常にすばやく調整される。時に「日米の金融資産の収益率に差があるから資本が流出する」と言われることがあるが、実際には、そんなのんびりした調整はあり得ない。もし差があったら、不利を承知で不利な資産を購入する人がいるはずもなく、資本が動き出す前に収益率は瞬時に一致してしまう。もし、円建て資産に比べてドル建て資産のほうが有利だと思う人がいて、その人が円建て資産をドル建て資産に交換できたとすると、それは、その裏にドル建て資産よりも円建て資産のほうが有利だと思う人がいるからである。つまり、個人間の予想や賢さに違いがない限り、一方的に資金が流出（あるいは流入）するということはあり得ず、両資産は必ず同じ程度に有利になるように、収益率が調整される。

マンデル＝フレミング・モデル

旧ケインズ経済学の枠組みを開放経済に拡張した理論として、マンデル＝フレミング・モデルがある。このモデルは理論上の欠陥を抱えており、大学院および研究者の間では取り扱われないが、大学の学部教育ではいまだに広く教えられているため、時々政策論争においても見受けられる。そのため、本論とは離れるが、簡単に、その考え方と問題点を述べておこう。

マンデル＝フレミング・モデルにおいても、経常収支が重要な役割を果たす。経常収支は定義より、図5・8のCAによって与えられる。この定義は図5・1に示した経常収支の定義と同じである。ただし、旧ケインズ経済学の国際経済版であるため、消費cは総所得（＝国内総生産y＋対外純資産からの利子・配当収入rb^*）に依存すると考えて、旧消費関数$c(y+rb^*)$を仮定している。なお、ここでは議論の簡単化のために、税金や補助金は考えていない。

ここで、図5・1で示したように、経常収支を均衡（$CA=0$）させるように為替レートS

が決まるとすれば（図5・8の上方矢印）、消費関数が旧消費関数であることを除くと、図5・3に示した国内総生産の決定メカニズムと同様になる。そのため、閉鎖経済の場合との違いは、対外資産からの利子・配当収入rb^*の有無だけであり、政府需要の増加は国内総生産yを増やし、金融緩和は何の効果も持たないという、閉鎖経済の下で成立する旧ケインズ経済学の財政金融政策の結論が、そのまま成立する。

ところが、マンデル＝フレミング・モデルでは（図5・8の下方矢印）、為替レートSの調整による経常収支均衡の回復機能を考えない。経常収支の定義とは無関係に、アドホックな（根拠のないその場しのぎの）為替レート決定メカニズム（$CA=CA(S)$）を別に仮定し、経常収支CAが先に決まると、為替レートSはそれに対応して、CAの値を追認するように決まると考えている。

$$y=c(y+rb^*)+g+i-rb^*$$

⇑ 経常収支均衡：$CA=0$

経常収支：$CA=y+rb^*-(c(y+rb^*)+g+i)$

⇓ マンデル＝フレミング・モデル

為替レート S の決定メカニズム：$CA=CA(S)$

貨幣市場：$\dfrac{M}{P}=L(r, y)$

利子率 r と物価 P が一定⇒ y 決定

図5・8　マンデル＝フレミング・モデル

では、経常収支は先にどのように決まると考えているのか。貨幣市場調整を見てみよう（図5・8の下枠内の第2式）。左辺は実質貨幣供給量M/P、右辺の$L(r, y)$は利子率rと国内総生産yに依存して決まる貨幣需要を表す。さらに、物価Pが動かない短期を想定し、利子率rは国際水準に一致するため、国内総生産yがこの式から決まってしまうと説明する。つまり、本来、利子率を決めるはずの貨幣市場で、国内総生産yが決まると主張するのである。国内総生産yが決まってしまえば、旧消費関数を前提に消費も決まってしまう。そのため、経常収支も確定する。さらに、為替レートは、この経常収支のバランスを回復させるのではなく、この経常収支の値に応じて、為替レート決定メカニズム$CA(S)$にしたがって結果的に決まる（図5・8の下枠内の第1式）。つまりこの議論では、為替レートは生産や消費に何の影響も与えていない、と考えているのである。

以上を要約すると、マンデル＝フレミング・モデルの特徴は、以下にまとめられる。

①国内総生産はモノの市場ではなく、貨幣市場で決まる。

②為替レートは国内総生産、総需要、経常収支のいずれにも影響を与えず、経常収支はバランスしない。為替レートは、その経常収支を追認するように、結果的に決まる。

しかし、経常収支の定義は、国内総生産と対外資産からの収益の合計（＝国民所得）から国内総需要を差し引いて得られる対外資産の拡大分である（図5・8の経常収支の定義）。そのため、為替レートSは右辺の消費cや生産yに影響を与え、その結果として経常収支が変化する。たとえば、政府需要gの増大で経常収支が赤字化し、それで円安になれば、日本製品への世界需要が増えて国内総生産yが増加し、経常収支赤字が縮小する。その結果、政府需要の増大による景気刺激効果が、閉鎖経済の場合と同様に現れる。一方、資産選好によって、人々は貨幣が増えても貯蓄するだけであれば、金融緩和は消費にも総生産にも影響を与えず、そのため、経常収支にも影響がないため、為替レートは変化しない。これが、本章で説明してきたことである。

ところが、マンデル＝フレミング・モデルでは、政府需要gの増加は国内総生産にも消費にもまったく影響しないことになる。国内総生産yはモノの需給とは関係なく貨幣市場で決まり、そのため政府需要gは、貨幣市場に何の影響も与えないからである。逆に、金融緩和は国内総生産を引き上げるという結論になる。その理由は、貨幣市場で国内総生産が決まる構造になっているため、貨幣量が増えれば、国内総生産yが上がっていないと貨幣需要が増えず、貨幣の需給が一致しないことになってしまうからである。

このように、財政金融政策に関するマンデル＝フレミング・モデルの結論は、本書の結論とは正反対であるとともに、それ自身の閉鎖経済版である旧ケインズ経済学の結論とも正反対になっている。その理由は、本書や旧ケインズ経済学では、モノの市場でモノの生産と需要が決まる構造になっているが、マンデル＝フレミング・モデルでは、モノの生産や需要は貨幣市場で決まるという不可解な想定をしているからである。

本書の結論とマンデル＝フレミング・モデルの結論との逆転は、これだけではない。本書では、政府需要が増えて経常収支が赤字になると、自国通貨の価値が下がって円安になり、経常収支を回復させると述べた。ところが、経常収支調整を考えないマンデル＝フレミング・モデルでは、政府需要が増えて経常収支が悪化すると、円高になると考えている。円高にならなければ、「貨幣市場で国内総生産が決まるから、政府需要が増えれば経常収支が悪化する」という性質と矛盾するからである。その結果、対外資産がどんどん失われていく国（経常収支赤字国）ほど通貨の価値が高くなる、という結論になってしまう。

マンデル＝フレミング・モデルの結論が、多くの点で本書の結論と反対になっている理由は、経常収支調整をいっさい考えず、経常収支の定義とは独立に、理由のよくわからないアドホックな為替調整関数 $CA(S)$ を仮定して、国内総生産 y が貨幣市場で決まるという奇妙な想定とのつじつま合わせを行っているからである。したがって、たとえこれが正しいとしても、為替レートの経常収支調整機能が働くまでの非常に短期的な現象を扱うものであり、現状の長期的な経済停滞への政策対応の分析に使うことは、不適切である。

2　海外経済の影響

海外特需と成熟経済

本書の議論にもどり、外国経済の動向が日本経済に及ぼす効果を考えてみよう。

総需要不足によって長期不況に陥っている国では、自国の景気回復の起爆剤として、海外需要に期待する声が多く聞かれる。日本でも、「アジアの需要を取り込もう」といったスローガンが叫ばれ、外国人観光客の誘致や国産品の輸出促進に、政治家が走り回る姿を目にする。この裏には、海外需要が増えれば国内生産が拡大してカネを稼ぐことができる、という思いがある。そこで、日本が成熟経済であることを念頭に、外国からの日本製品への需要増加が起こった場合、日本の景気にどのような効果があるかを考えてみよう。

海外からの特需は、直接的には日本製品の売り上げを伸ばして雇用を増やす。しかし、それによって経常収支の黒字が拡大するため、円高が起こって日本製品の国際競争力は落ちてくる。特に、世界中に日本製品と代替可能な外国製品が豊富にあるなら、国際価格にわずかな差があっても、世界の需要は日本製品から離れてしまう。この需要減少は、海外特需分を相殺して経常収支がもとの水準を回復するまで続き、そこで円安が止まる。すなわち、日本製品と外国製品との代替性が高ければ、海外特需の効果は、国内需要の減少でちょうど相殺されてしまうのである。

では、日本製品が外国製品とは代替の効かないものであればどうか。このとき、海外特需によって経常収支が黒字化し円高が進んでも、なかなか輸出は減らず、一方、輸入額は円表示で安くなるため、経常収支黒字はなかなか下がらない。そのため円高は、海外特需による需要拡大効果を相殺する水準を越えてさらに進んでしまうから、特需以前より不況を悪化させる結果となる。日本が観光プロモーションを行って多くの外国人客が日本を訪れ、大量の外貨を落としていけば、経常収支黒字が拡大して円高が大きく進むから、結局は国産品への世界需要が下がってしまう、ということである。

この効果は、前節の図5・6で示した、自国の生産能力上昇による景気悪化効果と同じである。すなわち、円高がもたらす日本製品の外国製品に比べた相対価格の上昇によって、価値ベースでの日本の生産能力が拡大し、それがデフレ・ギャップを広げて消費意欲を抑えるから、総需要（＝総生産）が減少して景気が悪化する、ということである。

このような状況を見て、外国が通貨安誘導を行って円高をもたらしたから、日本の景気回復が遅れているという解釈がなされ、対抗措置として大規模な金融緩和を行い、円安に導こうとしても、前節の金融緩和の項で述べたように、円安にすることなどできない。円安を生んで自国の景気を回復させるには、内需の拡大しかない。内需を増やして経常収支を悪化させれば、円安が起こって、内需だけでなく外需も増える。結局、自分で内需を増やす努力をせず、外国の需要に頼ろうとするから、円高が起こって景気が悪化してしまうのである。

ここでも、自分では使わずにカネだけ稼ごうとする成長経済の道徳律（倹約と勤勉）が、かえって自国の景気を窮地に追い込む結果となっている。

競合品の生産性競争

日本経済低迷の原因について、物作りで海外に負けたからだという発言が広く聞かれる。ところが前節では、成熟経済にある日本で企業の生産性が上がれば、人余りが激化し、かえって日本の不況は悪化することを示した。それでは逆に、外国企業が生産性を上げたらどうなるであろうか。今、外国で日本製品と代替できる製品とできない製品が、いずれも生産されている場合を考えよう。このとき、日本経済に及ぼす効果は、生産性上昇がどちらの製品で起こったかによって、大きく異なってくる。

はじめに、日本製品と密接に競合する外国製品の生産性が上昇するとしてみよう。この場合、日本製品は国際競争力の相対的低下の影響をまともに受けるため、目に見えて日本製品が負けることになり、深刻な状況が発生するように思える。実際、この製品の国際価格が下落すれば、日本の経常収支が悪化して円安が起こり、日本の競合製品の国際価格も下がるため、代替できないほうの外国製品の相対価格が高くなって、日本製品の輸出との交換によって得られるその外国製品の量は減ってしまう。これは、日本の生産能力が価値ベースで下がったことを意味する。そのため、日本が消費意欲の高い成長経済にあり、生産能力のすべてを稼働して作ったモノをすべて使っている状態なら、日本の所得が下がって消費も減ってしまう。

ところが、日本が成熟経済であれば、結果は反対になる。日本製品の国際競争力が落ちれば経常収支が悪化して円安を招く。円安は日本製品の国際価格を下げ、それが競合する外国製品の価格と同じ水準にまでなれば、日本製品はもとの輸出量を回復することができる。しかし、円安によって日本製品の外貨建て価格は下がっているから、外貨建ての輸出売上高が減り、他方で輸入品の外貨建て価格はそのままであるから、日本の経常収支はまだ赤字である。そのため円安がさらに進行し、日本製品の国際競争力が以前より増して、生産も雇用も増え、デフレ・ギャップが縮小する。その結果、消費が刺激されて総需要が伸び、雇用も国内総生産もさらに増える。

このように、日本製品と競合する外国製品の生産性上昇が日本の景気に及ぼす効果は、日本経済が成長段階にあるか成熟段階にあるかで、まったく反対になる。日本が成長経済であれば、競合品の生産性上昇は日本企業の直接的な脅威となって日本経済に不利に働く。ところが、成熟経済になった日本では、競合する外国製品が安くなれば、経常収支が悪化して円安が大きく進み、日本製品は逆に販路を拡大して生産を伸ばすことになる。このとき円安は、成長経済なら日本経済が負けた証拠になるが、成熟経済なら日本製品のシェア拡大の助けになる。

日本経済が成熟段階にあれば、日本製品と競合する外国製品の生産性上昇が日本の景気を改善するということは、反対に、日本製品のほうが生産性を上げれば、日本の景気が悪くなるということも示唆している。事実、前節では、総需要不足の下で日本製品の生産性が拡大して国際競争力が向上すれば、過度の円高を導いて日本の景気を悪化させる、という性質を示しており、その結論とここでの結論は整合的である。

このように、日本製品と外国製品が競合するとき、外国企業の生産性上昇は日本経済の脅威となり、他方、日本企業の頑張りは日本経済を活性化させるという主張は、日本経済が総需要不足のない成長段階にあるなら正しい。しかし、消費意欲が低く総需要が不足している状態では、効果はそれぞれ反対になる。それなのに、高度成長期の感覚で外国企業脅威論を振りかざしても、的外れである。

競合しない外国製品の生産性向上

他方、原油や天然ガスのように、日本製品では代替できないような外国製品が生産性を伸ばした場合、日本経済への効果はどうなるか。このとき、その外国製品は日本製品に比べて安くなるから、同じ量の日本製品を輸出しても、手に入れることのできるその製品の量は増える。そのため、日本に総需要不足がなく、手に入れたモノをすべて使う成長経済であれば、日本の消費は増大する。

ところが、日本経済が成熟段階にあって総需要不足に陥っていれば、結果は反対になる。日本製品で代替できない外国製品の生産性が上昇すれば、日本製品に比べた相対価格が下がるから、以前と同じ量を輸入しても支払額が下がって、日本の経常収支黒字が拡大する。その結果、円高になって日本製品は国際シェアを失い、日本国内の雇用も減ってデフレ・ギャップが拡大する。それがデフレを悪化させて消費を抑え、総需要も減ってデフレ不況が深刻化してしまう。

以上の効果は、次のように解釈することもできる。日本製品で代替できない外国製品の生産性が上昇して国際価格が下がれば、同じ量の日本製品と交換に、より多くの外国製品を手に入れることができるため、日本の潜在的な価値生産能力が上がったことになる。前節で分析したように、自国の生産能力向上は、成長経済で起これば所得と消費を増やすが、成熟経済ではデフレ・ギャップを拡大して不況を悪化させる。

このように、外国製品の生産性上昇の日本経済に与える効果は、それが日本製品と代替的であるかどうか、日本経済が成長経済であるか成熟経済であるかによって、正反対になる。

経済援助は誰のため

次に、対外経済援助が援助国と被援助国の経済に及ぼす効果について、考えてみよう。本章第1節において、自国の対外資産が増加するとき、自国が成長段階にあれば、そのまま自国が豊かになって消費は増えるが、自国が成熟段階にあれば、経常収支が改善して円高になり、企業が国際競争力を失って雇用が減り、かえって不況が悪化することを示した。この性質は、そのまま成長経済と成熟経済が対外経済援助を受けたときの効果として、捉えることができる。したがって、援助国と被援助国との経済の状態によって、対外援助が両国経済に及ぼす効果の組み合わせは異なってくる。

両国が成長経済である場合、自国から他国に資金援助をすれば、自国の資産が減ってしまうから、消費を減らさざるを得なくなる。他方、資産を受け取った外国は、資産を受け取った分だけ豊かになって消費を増やすことができる。そのため、海外経済援助は自国の経済的犠牲の下で外国を助ける政策である、という一般的な理解は正しい。

ところが、多くの対外経済援助は、経済が成熟段階にある先進国から成長段階にある発展途上国に対して行われている。そのとき、成熟段階にある先進国は、対外援助によって資産を減らすから、海外からの利子・配当収入が減って経常収支が悪化し、通貨安になる。このことが自国製品の国際競争力を改善してシェアを伸ばし、雇用を改善するから、デフレが緩和され消費が増えて景気は上向く。他方、消費意欲の強い成長経済である被援助国は、より多くの資産を保有する（あるいは、対外債務が減る）ことになるから、より多くのモノが消費できるようになって、人々の生活は豊かになる。このように、先進国から発展途上国への経済援助は、被援助国の所得を増やすだけでなく、援助国自身の景気も刺激して、所得と消費を増やす。

しかし、成熟経済にある先進国では、不況が深刻化するほど、対外援助は難しくなる。そもそも成熟経済が総需要不足に陥るのは、資産選好が強いからである。自分が保有資産に見合っただけの消費をしないから不況になっているのに、成長経済のときの発想で、生産性が落ちて稼ぐ力が衰えたから経済が低迷していると思っていれば、ますますカネが惜しくなって、他国への援助をする余裕がなくなる。その結果、成熟経済では援助を減らして景気は低迷し、途上国は援助を減らされて購買力が下がり、いずれの経済も停滞することになる。

環境問題をめぐる国際交渉

気候変動に関する国際連合枠組条約（UNFCCC）での国際交渉では、世界全体での環境対策の強化が必要であるという点では、各国も一致している。しかし、各国がそれをどう分担するかが争点になり、大きな譲歩を強いられて厳しい環境規制をせざるを得なくなると、国内では交渉に負けたと批難される。こうした対立は、特に途上国と先進国との間に存在する。実際、産業革命以来、長年にわたって温室効果ガスを出しつづけたのは主に先進国であるから、先進国は途上国以上に排出規制に取り組み、同時に途上国の環境対策に対する資金・技術援助をすべきであるという、途上国側からの強い要望があり、先進国を悩ませている。

しかし、途上国は成長経済にあり、先進国は成熟経済にあることを考慮すると、これまでの議論から、途上国から先進国へのこのような要望は、実際には双方にとってよい結果を生むことがわかる。

環境規制を行う国が成長経済であれば、国内需要が旺盛《おうせい》で生産能力をフル稼働させているため、厳しい環境規制が課されるようになると、それまでモノの生産に使われていた貴重な労働や資本を環境対策に回すことになって、モノの生産は減少してしまう。その結果、人々が消費できるモノの量が減り、生活の質が低下する。経済活動がもたらす地球温暖化などの環境への負荷は、一国の経済活動だけにとどまらず、各国の排出量の合計に依存する。したがって、自国が背負う排出物の削減を他国が肩代わりしてくれるなら、地球環境が改善するとともに、自国のモノの生産を減らさずに済む。

これに対し、生産能力が余っている成熟経済では、労働力や資本などの生産資源を環境対策に回しても、モノの生産減少には直結しない。それどころか、環境対策という新たな需要が新たな雇用を生んで人余りを減らし、デフレ・ギャップを縮小してデフレを緩和し、人々の消費を促す効果を持つ。すなわち、環境対策の強化は景気刺激策にもなっている。なお、この結論は、第3章第4節で論じた閉鎖経済における環境政策の効果と同じである。

また、前項で述べたように、途上国に対する先進国からの資金援助は、両国の経済にとって有利に働く。成長経済は資金が増えればその分だけ支出を増やし、成熟経済は対外資産が減ることによって通貨安となり、自国製品の生産が伸びて雇用が増え、景気が刺激されるからである。環境対策に関連した資金援助もこれと同じ効果を持つため、両国にとって望ましい。

成長経済と成熟経済のこのような違いを考えれば、先進国は生産能力に余剰がある限り環境対策を積極的に行い、途上国は資金援助を受けながら環境改善を行うことが、地球環境にとっても各国の経済にとっても、望ましい結果をもたらす。

第6章　政策提言

最後に、本書のこれまでの議論を振り返り、基本方程式（あるいはそれを書き換えた新消費関数）から導き出される資本主義経済の発展段階に応じた経済構造の違いと、それに対応した経済政策のあり方をまとめておこう。

1　成長経済

勤勉と質素倹約

1950〜70年代における日本経済の高度成長は、日本人の持っている勤勉と質素倹約という国民性によって支えられた。当時の日本全体の生産能力はまだ低く、消費できるモノの量が少ない貧しい状態にあった。そのため、人々の消費意欲も将来の生活水準向上への願望も強く、企業戦士やモーレツ社員と呼ばれながら勤勉に働き、質素倹約に励んで高い貯蓄率を維持した。人々の高い貯蓄率は将来の消費拡大を目指したものであったため、企業は将来の需要不足の心配をすることなく、「世界に追いつき追い越せ」を目標に積極的に設備投資を行い、生産力の増強に突き進むことができた。

その結果、企業は生産能力を着実に増やしつづけて売り上げや収益を伸ばし、1980年代には、21世紀は日本の世紀、ジャパン・アズ・ナンバーワンとまで言われるようになった。企業の収益拡大は株価にも反映され、日本人の持つカネ（金融資産）を増やして旺盛な消費意欲を支えた。こうして、消費や国内総生産というフローと、金融資産というストックが並行して拡大し、高度成長が実現された。

企業の発展がそのまま日本経済の成長につながったために、企業の論理が国民経済の論理となって、企業に、日本経済を支えているという自負を抱かせた。その結果、企業側の意向が経済政策や教育政策にも大きな影響を与え、規律と勤勉、基礎学力の向上、理系重視の技術教育など、生産能力を引き上げて高度成長を支えるための教育が重視され、日本人の国民性が強化されていった。

成長経済の経済政策

高度成長期には、消費意欲が潜在的に強かったため、人々の実質金融資産が拡大し豊かになるにつれて、消費も順調に増えていった。このような成長経済において、経済活動をさらに高めるために重要なことは、①生産能力を引き上げること、②総需要不足があればすばやく物価や賃金が下がるようにして実質金融資産を十分に拡大させること、の2点である。

このうち生産能力を決めるのは、企業の技術力と生産設備、人々の労働生産性と労働時間である。したがって、生産能力を引き上げるには、企業側については生産効率化、技術革新、設備投資の奨励、非効率な企業から効率的な企業への新陳代謝の促進などが、労働側については労働教育、働く意欲を引き出すための給与・雇用制度の構築、労働者の適材適所の配置などが有効である。

一方、物価や賃金がすばやく調整されて、モノや労働の取引や配置が円滑に行われるようにするためには、物流を支えるインフラ、すなわち道路、鉄道、空港、港湾などの整備や、正確で迅速な需給情報、たとえば商品情報や価格情報の電子化やネットワーク構築などが重要である。また、適切な労働の配置や円滑な賃金調整を実現する方策として、労働の流動化、就職求人情報の充実なども考えられる。さらに、物価調整の遅れによる短期的な総需要不足を補うためには、民間に直接カネを供給することが有効であり、そのためには臨機応変な金融緩和や財政出動を行う必要がある。また、有望な企業や返済能力のある消費者に対して、資金が円滑に回るようにすることも重要であり、企業や消費者についての信用情報を整備するとともに、信用保証制度を充実させることが望ましい。

生産能力を引き上げても、せっかく作ったモノを政府が無駄な用途に使ってしまえば、人々が使えるモノの量が減ってしまう。そのため、政府はできるだけ無駄遣いを抑え、もし支出を行うなら、人々の生活に必要ではあるが、民間が提供できないか、民間の市場取引では流通しがたいサービスや設備に限定することが重要である。これには、国防、警察、消防、教育などの公共サービス、道路、港湾、空港などの公共インフラがある。また、支出の適否を決める際には、必要な労働サービスやモノを民間が別の用途に使う場合と比べて、どちらが役に立つかを精査する必要がある。

2　成熟経済

資産選好と成熟経済

　１９８０年代まで高い成長率を維持していた日本経済は、90年代に入って成長が止まり、その後30年にわたって低迷を続けて、消費も国民総生産も伸びなくなってしまった。その理由は、人々の持つ資産選好にある。

　資産選好がなければ、金融資産は必ず消費に向かうから、モノの値段が下がって実質金融資産が増えていけば、消費も増えて、生産量がどれだけ大きくても、総需要はそれに見合う量までいくらでも拡大できる。しかし、資産選好があると、消費が大きくなるにつれて、人々はさらに消費を増やすよりは資産を貯めたいと思うようになる。

　欲望が消費に向かえばモノや労働への需要が増え、デフレ・ギャップを減らして景気を引き上げる。しかし、欲望が資産に向かって消費が増えなくなれば、モノの需要も労働需要も伸びなくなる。消費はあまり大きくなればもう増やしたいとは思わなくなるが、金融資産はいくらあっても飽きたり、保有費用がかかったりしない。そのため、物価が下がって実質金融資産がいくら増えていっても、資産保有への欲望は減退しない。しかし、資産保有への欲

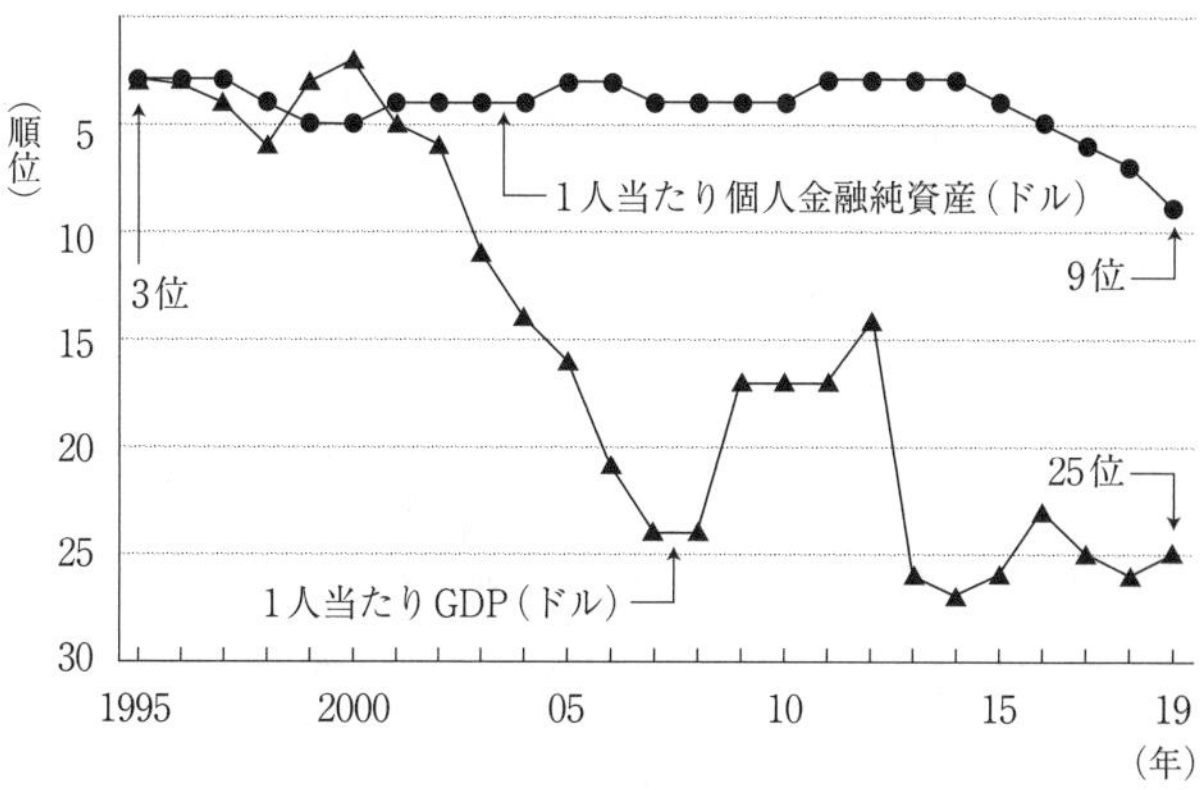

図6・1　OECD諸国における日本の経済力
出典：OECD（金融資産），IMF（GDP）.

望はいくら強くても、需要も雇用も生まれず、実体経済は活性化しない。

したがって、生産能力が巨大化して消費が増えていくと、人々の欲望は消費の拡大から資産の蓄積に移り、モノへの総需要が低迷して生産能力を下回ってしまう。経済成長は止まり、デフレが続いて貨幣の実質量が増え、資産選好を背景とする株価バブルも発生して金融資産ばかり増えるが、モノへの需要は高まらず、生産活動が停滞して経済は長期不況に陥る。これが成熟経済である。実際、成熟経済に入った日本では、実質貨幣量や株価などのストックばかりが伸びて、消費や国内総生産などのフローが停滞し、日本の生産力が落ちたと嘆かれる一方で、カネの面では世界有数の豊かな国になっている（図6・1）。

成熟経済の経済政策

生産能力が経済活動を決める成長経済とは異なり、成熟経済では総需要が経済活動を決める。そのため、生産能力を高めることを目的としていた成長経済での経済政策は、成熟経済では、生産能力に対する総需要の不足幅を広げてデフレを悪化させ、経済活動を抑えてしまう。また、物価や賃金を早く引き下げて実質金融資産を増やす政策は、実質金融資産が増えても消費を刺激せず、物価や賃金調整の迅速化がデフレを悪化させて、金融資産保有を有利に、消費を不利にするから、総需要不足をさらに広げてしまう。したがって、生産能力を高める勤勉や質素倹約、効率化、無駄の排除、働くインセンティブの促進や、賃金調整を早める労働市場の流動化などの、かつての高度成長を支えた政策は、かえって経済活動を抑えてしまう。

成熟経済で景気を刺激するには、新たな需要を作り、デフレ・ギャップを減らしてデフレを緩和することにより、消費を促すことが必要になる。また、余った生産能力を政府が活用すれば、それが生み出す直接的な便益と、新たな需要創出による景気刺激という、2つのプラス効果が生まれる。このとき、政府が生産能力をすでに民間で供給されている製品やサービスの生産拡大に使っても、人々のそれらに対する需要は今以上に増えないため、単に売れ残りが増えてしまうだけである。そのため政府は、民間製品の代替品の供給や民間の生産能力の増強ではない、新しい使い道を考える必要がある。

生産能力が余っていれば、政府需要に関する無駄の意味も異なってくる。生産能力をフルに使っている成長経済では、限られた生産能力を民間と政府で取り合うことになるため、同じ生産能力を使うなら、政府需要は民間の生産物より必要なものに限らなければ、無駄が生まれる。ところが、生産能力が余っている成熟経済では、余った生産能力を使わずに放置することこそが、最大の無駄になる。それを使って少しでも役に立つ公共サービスを提供できるのであれば、何もしないよりよい。成熟経済において行うべき「何もしないよりよい使い方」を考え出すのは、成長経済で要請される「民間より有意義な使い方」を考え出すことより、はるかに容易であろう。

このように、成熟経済での経済政策の考え方は、成長経済でのそれとは大きく異なっている。政府も国民もこのことを正しく認識し、生産能力拡大ではなく総需要増大の視点から、経済政策を再構築することが不可欠である。

しかし政府は、成熟経済になっても高度成長期における成功体験をそのまま引きずり、1990年代以降の「失われた30年」においても、短期の財政出動と金融緩和、長期の生産側の構造改革と成長戦略という成長経済での政策を繰り返してきた。日本銀行も、カネの膨張が消費拡大に結びついた成長経済の頃の経験から抜け切れず、巨額の金融緩和を続けて大量の国債を買い上げるとともに、株価維持のためにETF（上場投資信託）を通して大量の株式を購入し、2020年の新規購入額は7兆円にもなっている。その結果、貨幣発行は巨額になり、国債も積み上がり、株価も上がりつづけているが、消費増大には結びつかず、貨幣、国債、株価の信用不安を生み出しかねない危険な状態になっている。

成熟経済に必要な教育

生産能力が低い成長経済なら、人々は足りないモノがたくさんあるから、何に消費したいかを考えるのはたやすく、企業も何を作れば売れるかを考えるのは難しくない。このような経済に必要なのは生産能力の拡大であり、学校教育でも効率的な労働力を育てることが求められる。そのためには勤勉、倹約の精神を身につけさせるとともに、基礎学力の普及、標準的知識の蓄積が重要であり、標準的な答えの決まったテストでの競争も有効であった。

ところが、消費が大きくなりすぎて、それ以上、総需要が伸びず、生産能力を使い切れなくなった成熟経済では、生産能力の一層の拡大ではなく、新たな消費を考えることが経済の活性化につながる。しかし、必要と思われるモノがそろっていれば、新たな消費を考えることは難しくなる。新たな消費創出の可能性があるのは、遊びや余暇の過ごし方に関連する分野、たとえば、美術や音楽などの芸術、歴史や文化の探究、スポーツ、観光などであろう。人々がこれらを堪能《たんのう》するには、訓練や情報収集が必要になる。それができれば、産業構造も日常使うモノを作る製造業から、文化事業や運動施設のような創造的消費を対象とするものへと膨らんでいく。そのため学校教育でも、これらの基礎を学び、これらの消費の便益を享受できる能力を育てることが求められる。

こう考えると、生産性だけを重視した理系偏重、文系不要論がいかに時代遅れであるかがわかる。また、理系の目的も生産能力の向上だけでなく、新しい面白いものを考え出す能力の育成が重要になり、基礎研究の重要性が増す。ところが、日本が豊かな成熟経済になっても、貧しい頃の成長経済での考え方から抜け切れず、経済の停滞は生産性が落ちたからだと思って、生産性向上のための教育がさらに強調されている。

豊かな国になったからこそ、生産効率化ではなく、純粋な知的興味の探求、真理の探究を行う余裕が生まれ、それこそが新需要の創出にもつながって、経済を活性化させる。それなのに、生産能力が低かった頃に必要とされた画一教育を推し進めれば、人々の努力はかえって経済を停滞させる結果となってしまう。

経済成長無用論と消費の意味

先進国の長期不況の原因が、生産能力の巨大化によって生産物を使い切れなくなったことにあるなら、無理して消費を伸ばす必要はなく、今のままの消費で満足すればよいと考えるかもしれない。しかし、これには2つの問題がある。

第1は、消費という概念を狭く捉えすぎることに起因する。消費を民間市場で売買されているモノに限定して考えれば、人々がもうモノはいらないと思っているなら、それ以上モノの生産を伸ばす必要はないという意見は理解できる。しかし、そもそも消費とは、労働力を使って作る物やサービスを人々の生活の質向上のために使う行為である。衣食住に直結する必需品や嗜好品《しこう》、レジャー関連の製品やサービスはもちろん、市場では取引されにくい物やサービス、たとえば、日常生活での安心安全、きれいな空気や水、環境を享受することも立派な消費である。

ところが、これらはいずれも、個人がカネを払えば払った分の便益を享受できる、というものではない。たとえば、1人だけカネを出しても、きれいな空気を買うことはできず、政府が率先して環境規制を行い、企業も家計も協力して経済全体で温暖化ガスなどの排出物を削減するしかない。そのため、余った生産能力をこれらの目的に活用することができれば、それも新たな消費創出である。ところが生産能力の活用を放棄すれば、これらの重要な消費機会を逃すことになる。

また、２０２０年に始まった新型コロナウイルス感染症の流行では、専門的な感染症対策のできる医療従事者や保健所職員、医療設備の不足が明らかになった。これらは、別のコロナウイルス感染症のＳＡＲＳやＭＥＲＳなどが、運よく日本では深刻な事態にならなかったために、対策がないがしろにされてきた結果である。日本は生産能力に余裕のある成熟経済になっているからこそ、平時から、緊急時に備えることにお金を使うべきであり、これも立派な創造的消費である。

このような公的事業の対象としては、民間製品の代替品ではなく、そのため民間の生産活動を妨げない、環境、観光、医療、介護、保育、教育などの分野が望ましい。たとえば観光インフラの整備が民間の観光業を発展させるように、これらを整えていけば、私的消費の分野においても新たな需要が創出される可能性が生まれる。

失業放置の弊害

消費を増やさなくても、労働時間を減らして余暇を楽しめばよい、という主張もある。実際、働いて所得を得てモノを買うことと、働かずに所得を放棄して余暇時間を楽しむこととを比較し、余暇時間を楽しむほうがよいのであれば、その人は無理に働いて消費を伸ばす必要などない。しかし、総需要不足の経済とは、人々がこのような比較を行った結果、もっと働きたいと思っているのに働けず、失業したり、非効率で低賃金労働しかできなかったりする状態である。無理に消費を伸ばす必要はないという経済成長無用論の持つ第2の問題点は、それがこのような失業放置につながることである。

失業放置は深刻な貧困を生む。生産能力が余っていても、作られたモノが人々の間に適切に分配されていれば、すべての人が消費に飽きて、カネを貯めたほうがいいと思う状態になる。ところが、生産能力が余っていれば、たとえすべての人が同じ能力と同じ勤勉さを持っていても、運だけで仕事に就ける人とそうでない人が出てくる。その結果、運よく職を得ている人や資産をたくさん貯めている人にとってはそのままでいいが、資産もなく、失業や低賃金労働に従事せざるを得ない人々は貧困状態に陥る。そのため、成熟経済の経済低迷をそのまま受け入れるなら、それらの人々への再分配が必要になる。

公的事業の拡大にしても、再分配にしても、モノの購入時のように、対価が目に見えるカネの支払いではなく、税金や公共料金などによって、対価が直接見えない目的へのカネの支払いが必要になる。また、それらの負担の多くは、所得や資産があって、デフレが続いても困らない人々にかかってくる。そのため、これらの政策が賛同を得るのは、政治的に非常に困難である。しかし、そうしなければ、総需要不足と経済格差、公共サービスの低下と財政危機から永久に抜け出せない。

このように、成長経済では、民間の自由な生産・消費活動を妨げない経済環境を作ることが政府の役割であったが、成熟経済では、民間の自主的な経済活動だけでは生産も消費も生まれない創造的消費を促進するとともに、その実現のための環境や制度を整備することが重要になる。国民も政府も、こうした政府の役割の変化を認識する必要がある。

3 格差拡大と再分配

格差拡大の必然性

人々の経済格差は、個人の生産能力と、将来をどの程度考えているかという個性（時間選好）の違いによって生まれる、という考え方が一般的である。個人の能力が高ければ高い所得を得て豊かになるし、将来のことを考える人は無駄な消費を控えるからカネが貯まる。そのため、勤勉と質素倹約が重要であり、それらをないがしろにすればカネが貯まらないのは当然で、格差は自己責任という考え方である。

しかし、人々の消費選好は消費が増えるとどんどん下がってくるが、資産選好は資産が増えてもなかなか下がらない。そのため、カネを使うか貯めるかの決断においては、同じ人でも金持ちになるほど消費を増やさず貯めようとする傾向があり、そのため個人間の資産格差は必然的に開いてくる。さらに、資産保有量の差が少なければ格差拡大速度は遅いが、格差が広がるにつれて格差は加速度的に拡大してくる。つまり格差拡大は、能力や時間選好に違いがなくても、豊かな家庭に生まれたなどの運によって決まる初期の豊かさの違いだけで、必然的に起こるのである。

そうではあっても、金持ちの資産がまだそれほど大きくはなく、消費拡大意欲が十分残っていれば、貯めた資産はいつか必ず使われる。また、貯めればその時点の消費は減るが、その分だけの将来の消費需要が見込めるなら企業も設備投資を増やすから、総需要不足は起こらず、すべての人が働きたいだけ働くことができる。そのため、資産が少ない人であっても、本人の努力によって高い所得を得て、挽回《ばんかい》できる可能性は残される。

しかし、金持ちの資産が十分に大きくなれば、自分の資産に見合っただけの消費をしなくなる。その人たちは、資産が増えても資産を貯めること自体が目的となって、将来の消費需要の増加につながらないから、企業も設備投資をしない。他方、貧困層は消費意欲が強いが、保有資産が少ないために、そもそも消費できる量が少ない。そのため、経済全体での総需要が不足して、失業や非効率な低賃金労働が広がる。そのとき貧困層の人々が、自分の能力を磨いて一所懸命働き、所得を増やして貧困から抜けだそうと思っても、その能力を生かす職場がなかなか見つからなくなる。総需要不足は努力が報われる機会を奪って、敗者復活のできない絶望的な状況を生み出してしまうのである。

また、資産格差が大きいほど、総需要不足が起こりやすい。たとえば、ごく少数の金持ちが資産のほとんどを所有し、残りの多くの人々が貧困層を形成しているならば、少数の金持ちは消費を伸ばさず、多くの貧困層は貧しいゆえに消費が少ない。そのため、総需要が非常に小さくなって、長期不況に陥ってしまう。このことは、たとえ生産能力が低い貧しい経済であっても、資産分配が極端に不平等であれば、豊かな成熟経済と同様に、総需要不足による長期不況に陥る危険性が高まることを意味している。

このような経済では、少数の金持ちが消費に使い切れない分のカネを貧困層に再分配すれば、金持ちの消費を減らすことなく貧困層の消費を増やすことができる。そのため、総需要が増大し、経済が活性化して、すべての人々に雇用機会が増える。

再分配と経済活性化

人々の資産選好は、資本主義経済を必然的に格差拡大と総需要不足に導く。そこでは、家計や企業が個別に豊かさを求めて勤勉に働き、無駄を排除して質素倹約に努めても、かえって総需要不足と格差を広げて、社会不安と経済不安が広がる。この状況を変えて、需要を作り雇用を増やして貧困層の所得を増やすには、政府が再分配を行う必要がある。

しかし、現状は富裕層にとって決して居心地が悪くはない。十分な消費を支える財力がある上に消費拡大意欲は下がっているため、資産は貯まりつづけ、それに加えてデフレで金融資産の実質価値も伸びつづけるから、資産保有欲求がますます満たされる。そのため、富裕層から貧困層への直接的な再分配が政治的な賛同を得ることは難しい。

考えてみれば、消費に回されることなく積み上げられたカネは、単なる資産保有願望を満たすだけで、実際には何の役にも立っていない。富裕層はそのような紙の上、数字の上での幸せが経済の停滞と不平等を生み出していることに、気づく必要がある。直接的な再分配をしなくても、富裕層が自ら資産を消費に使う努力をすれば、使われないカネという幻想ではなく、実際の消費の便益を受けることができるとともに、新たな需要を作って生産活動を拡大し、富裕層と貧困層を含めたすべての人々に、雇用増大、賃金上昇、資本収益拡大という恩恵をもたらし、経済不安や社会不安を軽減することにもつながる。

もし自分で消費の方法を考えることが難しいなら、使わないカネを税金や寄付金として政府に渡し、環境、観光、安全、芸術、医療、介護、保育などのインフラやサービス拡充に使ってもらえばよい。その結果、公共サービスや社会インフラを通して安全で快適な生活環境が得られるとともに、自主的に消費を拡大した場合と同様の景気刺激効果も生まれる。また、音楽や美術鑑賞なども容易にできるようになるから、楽しみが増えて消費選択の幅も広がる。

しかし、たとえ富裕層がこのことを理解したとしても、2つの大きな障害がある。第1は、そのような行動を個人が単独で行っても、効果がないことである。個人が新たな消費を行ったり、政府にカネを支払ったりしても、景気を刺激したり社会インフラを充実させたりする規模までにはならない。多くの人が同時に行うことによって、はじめて、目に見える規模で総需要が増え、公的サービスや公的施設を充実させることができる。政府はそのための制度作りを行い、国民の賛同を得なければならないのである。

第2の障害は、富裕層にとって、総需要の増加によるデフレの緩和が資産蓄積の妨げになる、ということである。新たな消費の増加と資産蓄積のどちらが有利かは、消費増加の便益とカネへの執着との比較で決まる。保有する資産が大きくなるほど、デフレが生み出す実質資産価値の拡大幅は大きくなるから、デフレは自分にとって有利になる。さらに、成熟経済の不況を長期間放置すればするほど、金持ちの実質資産量は増えて、デフレのメリットが拡大する。したがって、カネが膨張しすぎてしまう前に、政府は人々から受け入れられる公共サービスや公共施設を真剣に考える必要がある。

しかし、富裕層が創造的な消費を考える努力を怠り、社会インフラや公共サービス充実のためにカネを払うことも嫌がり、カネを保有することだけに執着すれば、使われないカネは膨らんでいくが経済活動は低迷を続け、雇用環境も悪化したままで、社会不安や経済不安も起こる。

格差の定着は次世代まで尾を引く。富裕層は子供によりよい教育機会を与えることができ、実際、エリート校の親ほど高所得であることが知られている。学歴が高ければ所得の高い雇用機会が得られる。そうであっても、格差が能力の違いだけによるなら、まだ、本人の努力の余地もある。しかし、初期資産保有高の違いが格差を拡大させるなら、たまたま親が貧しければ、同じ個性で同じ努力をしても、貧困から逃れることはできない。

このような世代を超えた不公平を避けるためには、相続税の強化が1つの選択肢として考えられよう。相続税を強化し、集めた額を公共サービスや移転によって次世代に公平に分配し、初期の資産選好が同程度になるようにすれば、すべての人々が公平なスタート地点に立つことができる。その後で、個性や能力などの自己責任によって、次世代に受けつがれない、その個人に限った格差が生まれたとしても、それは正当化されよう。

おわりに

　近年、急速に発展している神経経済学では、経済行動に関する人間の喜怒哀楽を脳内のどの部位で感じ、反応しているかを調べている。目下の主な研究対象はミクロ経済的現象であり、たとえば「最後通牒《つうちょう》ゲーム」や「公共財ゲーム」という経済実験においては、人間には利己的な欲望以外に公平性や相手への懲罰《ちょうばつ》の欲望があり、自分への直接的な報酬が下がってでも相手を罰することに快感を覚えることが、脳内の反応からわかってきている。こうした脳内反応の分析は、本書で取り扱った長期不況や格差拡大などのマクロ経済現象を引き起こす消費選好と資産選好についても、応用できる可能性がある。

　脳科学では、食欲などの具体的かつ直接的な欲望は一次報酬、金銭や地位などへの抽象的な欲望は二次報酬と呼ばれている。消費願望は前者であり、資産選好は後者である。本書で提示した基本方程式は、この2つの報酬の脳内での比較を表しているとも言えよう。消費は人間が生きていく上で不可欠だが、それを際限なく追求して食べすぎれば、体を壊したりするから、一次報酬への欲望を制御する機能が、前頭前野の眼窩《がんか》前頭皮質に備わっている。ところが、二次報酬への欲望の制御については、眼窩前頭皮質では働いておらず、どこで働くのか、そもそも存在するのかについては、未知の部分が多いようである。

実際、自分自身のことを考えても、限りなく食べれば体によくないことがわかっているから、意識して食べすぎや飲みすぎを抑制しようとする。しかし、地位が上がりカネが貯まっても、それを成功の証《あかし》として肯定的に受け入れ、抑制しようとは思わない。これは、生命が脳内で抽象的な欲望を発達させたのはごく最近のことであり、一次報酬の制御機能は獲得していても、二次報酬の制御機能はまだ十分に獲得していないということなのかもしれない。さらに、一次報酬と違い、二次報酬は体に直接悪い働きをするわけではないので、二次報酬の制御機能を発達させる必要もなかったであろう。

しかし、人間はここ数千年の間に巨大な社会を形成し、巨大な生産力を獲得するようになった。その結果、制御の効かない地位選好は限りない権力欲や領土欲となって大規模な戦いをもたらし、制御の効かない資産選好は長期不況や格差拡大による深刻な社会不安を生み出している。今や人間は、種の安定的な存続のために、直接的な報酬や損害を越え、社会を通した報酬や損害までを考慮して、二次報酬追求の制御機能を発達させるべき段階になっているのかもしれない。

＊

本書は、これまでの筆者自身の研究とともに、多くの方々との共同研究を基礎にしている。その方々は、橋本賢一（神戸大学）、室田龍一郎（近畿大学）、松崎大介（東洋大学）、生藤昌子（筑波大学）、M. Schlegl（上智大学）、J.-B. Michau（École polytechnique）、G. Illing（Ludwig-Maximilians-Universität München）の各氏である。特に橋本氏には、本書の原稿にも目を通していただき、大変貴重なコメントをいただいた。また、浅海達也氏（大阪大学）には、データ収集について大変お世話になるとともに、原稿にも目を通していただき、権丈善一氏（慶應義塾大学）には保健所数に関するデータを提供していただいた。

これらの方々には深く感謝したい。

本書の執筆は、中央公論新社の小野一雄氏の勧めによって始められた。小野氏には、前著『不況のメカニズム』（中公新書、２００７）の議論を応用して、コロナ禍の日本や各国の経済の混迷と経済政策について書くことをご提案いただいた。私自身は、資産選好という視点から、先進国が陥っている経済低迷や格差拡大、バブルなどの数々の経済問題を解き明かすプロジェクトを行っており、コロナ対策もその応用の1つであるため、喜んでお引き受けした。小野氏には、本書出版の機会をいただいたことに、感謝申し上げる。
なお、本書の基礎となった多くの研究はJSPS科研費(JP20H05631)から、また環境関係の研究については旭硝子財団から資金助成を受けている。

2021年11月

小野善康

Overhang and Secular Stagnation", *European Economic Review*, Vol. 108, 78-104.

【第5章】
①国際経済での不況の一般的な分析
小野善康（2000）『景気と国際金融』（岩波新書）.
②新消費関数の開放経済への応用
Hashimoto, K., and Y. Ono (2019),"Consumption Function and Keynesian Cross under Dynamic Optimization", *Review of Keynesian Studies*, Vol. 1, 135-156.
Hashimoto, K., and Y. Ono (2020), "A Simple Aggregate Demand Analysis with Dynamic Optimization in a Small Open Economy", *Economic Modelling*, Vol. 91, 89-99.
③本文では，日本経済が世界経済全体から見れば小さいこと（小国の仮定）を前提に議論している．しかし，２つの大国間の景気の相互波及においては，各国の景気の状態に応じて，多様な結果が出る．それについては以下の文献を参照.
小野善康（1999）『国際マクロ経済学』（岩波書店）.
Ono, Y. (2006), "International Asymmetry in Business Activity and Appreciation of a Stagnant Country's Currency", *Japanese Economic Review*, Vol. 57, 101-120.
Ono, Y. (2014), "International Economic Interdependence and Exchange-rate Adjustment under Persistent Stagnation", *Japanese Economic Review*, Vol. 65, 70-92.
Ono, Y. (2018), "Macroeconomic Interdependence between a Stagnant and a Fully Employed Country", *Japanese Economic Review*, Vol. 69, 450-477.

Model of Secular Stagnation: Theory and Quantitative Evaluation", *American Economic Journal: Macroeconomics*, Vol. 11, 1-48.

Jappelli, T., and M. Pagano (1994), "Saving, Growth, and Liquidity Constraints", *Quarterly Journal of Economics*, Vol. 109, 83-109.

【第3章】

①新消費関数

Murota, R., and Y. Ono (2015), "Fiscal Policy under Deflationary Gap and Long-run Stagnation: Reinterpretation of Keynesian Multipliers", *Economic Modelling*, Vol. 51, 596-603.

②旧消費関数とばらまき政策

Ono, Y. (2011), "The Keynesian Multiplier Effect Reconsidered", *Journal of Money, Credit and Banking*, Vol. 43, 787-794.

③ MMT理論

Wray, L. R. (2015), *Modern Monetary Theory*, 2nd ed., Palgrave MacMillan: London. 日本語版（2019）『MMT　現代貨幣理論入門』（東洋経済新報社）.

④雇用促進が作る時短

Hashimoto, K., Y. Ono and M. Schlegl (2020, Revised 2021), "Structural Unemployment, Underemployment, and Secular Stagnation", ISER Discussion Paper, No. 1088, Osaka University.

⑤新製品開発

松崎大介氏との進行中の共同研究「新製品開発の景気効果」.

⑥環境政策

Ikefuji, M., and Y. Ono (2021), "Environmental Policies in a Stagnant Economy", *Economic Modelling*, Vol. 102, Online https://doi.org/10.1016/j.econmod.2021.105574.

【第4章】

①資産選好と格差拡大

J.-B. Michau氏，M. Schlegl氏との進行中の共同研究「資産選好と経済格差」.

②貸出制約の緩和が短期と長期の景気に与える影響

Illing, G., Y. Ono and M. Schlegl (2018), "Credit Booms, Debt

主要参考文献

各章の基礎となる筆者自身の（共同）研究と，
諸学説の参考文献を以下に示しておこう．

【本書全体の基礎理論】

Ono, Y. (1994), *Money, Interest, and Stagnation: Dynamic Theory and Keynes's Economics*, Clarendon Press, Oxford.

Ono, Y. (2001), "A Reinterpretation of Chapter 17 of Keynes's General Theory: Effective Demand Shortage under Dynamic Optimization", *International Economic Review*, Vol. 42, 207-236.

小野善康（2009）『金融　第2版』（岩波書店）．

小野善康・橋本賢一編（2012）『不況の経済理論』（岩波書店）．

【第2章】

① RBC 理論およびニュー・ケインジアン理論の入門書

McCandles, G. (2008), *The ABCs of RBCs: An Introduction to Dynamic Macroeconomic Models*, Harvard University Press.

蓮見亮（2020）『動学マクロ経済学へのいざない』（日本評論社）．

②サーチ・マッチング理論

Pissarides, C. A. (2000), *Equilibrium Unemployment Theory*, 2nd ed., MIT Press.

今井亮一・工藤教孝・佐々木勝・清水崇（2007）『サーチ理論――分権的取引の経済学』（東京大学出版会）．

③インフレ・ターゲット

Krugman, P. R. (1998), "It's Baaack: Japan's Slump and the Return of the Liquidity Trap", *Brooking Papers on Economic Activity*, Vol. 2, 137-187.

④企業の信用制約

Kiyotaki, N., and J. Moore (1997), "Credit Cycles", *Journal of Political Economy*, Vol. 105, 211-248.

⑤家計の借入制約

Eggertsson, G. B., N. R. Mehrotra and J. A. Robbins (2019) "A

小野善康（おの・よしやす）

1951年（昭和26年），東京都に生まれる．73年，東京工業大学工学部卒業．79年，東京大学大学院経済学研究科博士課程修了．経済学博士．武蔵大学助教授，大阪大学教授，東京工業大学教授，内閣府経済社会総合研究所所長などを経て，現在，大阪大学社会経済研究所特任教授（常勤）．大阪大学名誉教授．専攻，マクロ動学，国際経済学，産業組織．

著書『国際企業戦略と経済政策』（東洋経済新報社，1985年．日経経済図書・文化賞受賞）
『景気と経済政策』（岩波新書，1998年）
『国際マクロ経済学』（岩波書店，1999年）
『景気と国際金融』（岩波新書，2000年）
『不況のメカニズム』（中公新書，2007年）
『金融　第2版』（岩波書店，2009年）
『成熟社会の経済学』（岩波新書，2012年）
『不況の経済理論』（共編，岩波書店，2012年）
『エネルギー転換の経済効果』（岩波ブックレット，2013年）
『消費低迷と日本経済』（朝日新書，2017年）
など

資本主義《しほんしゅぎ》の方程式《ほうていしき》
中公新書 *2679*

2022年1月25日発行

著　者　小野善康
発行者　松田陽三

本文印刷　三晃印刷
カバー印刷　大熊整美堂
製　　本　小泉製本

発行所　中央公論新社
〒100-8152
東京都千代田区大手町 1-7-1
電話　販売 03-5299-1730
　　　編集 03-5299-1830
URL http://www.chuko.co.jp/

Published by CHUOKORON-SHINSHA, INC.
Printed in Japan　ISBN978-4-12-102679-8 C1233

経済・経営

g1

2000 戦後世界経済史　猪木武徳
2185 経済学に何ができるか　猪木武徳
2659 経済社会の学び方　猪木武徳
1936 アダム・スミス　堂目卓生
2502 日本型資本主義　寺西重郎
2307 ベーシック・インカム　原田　泰
2388 人口と日本経済　吉川　洋
2338 財務省と政治　清水真人
2541 平成金融史　西野智彦
2041 行動経済学　依田高典
2501 現代経済学　瀧澤弘和
1658 戦略的思考の技術　梶井厚志
1824 経済学的思考のセンス　大竹文雄
2045 競争と公平感　大竹文雄
2447 競争社会の歩き方　大竹文雄

2575 移民の経済学　友原章典
2473 人口減少時代の都市　諸富　徹
1648 入門　環境経済学　日引　聡／有村俊秀
2571 アジア経済とは何か　後藤健太
2506 中国経済講義　梶谷　懐
2420 フィリピン―急成長する若き「大国」　井出穣治
2199 経済大陸アフリカ　平野克己
290 ルワンダ中央銀行総裁日記（増補版）　服部正也
2612 デジタル化する新興国　伊藤亜聖
2679 資本主義の方程式　小野善康